장애아동을 위한

사회성 기술 지도 매뉴얼

우에노 카즈히코 · 오카다 사토시 편저
박재국 · 김혜리 · 권언남 공역

Social Skills
Instruction Manual
for Children
with Disabilities

학지사

'인간은 사회적 동물이다.'라는 명제는 시대를 막론하고 불변의 진리이며, 인간이 살아가는 데 요구되는 필수적인 능력으로서 '사회성'이 중요하게 다루어지고 있습니다. 따라서 '사회성 기술의 습득 및 향상'이라는 측면은 특수교육과 일반교육의 공통적인 주요 목표라고 할 수 있습니다.

특수교육의 궁극적인 목적이 장애아동의 사회적 참여와 자립에 있다고 할 때, 사회성 기술에 대한 지도는 학교 교육과정에 있어서 범교과적 교육 내용이자 주된 교육 목표가 되고 있는 것이 현실이지만, 그 중요성에도 불구하고 실천하기는 어렵고 막막하다는 현장의 목소리가 적지 않습니다.

특히 다른 능력에 비해 사회성 기술의 부족이 두드러지게 나타나는 고기능 자폐증, 아스퍼거 증후군 등의 발달장애를 비롯하여 학습장애 및 주의력결핍 과잉행동장애를 가진 아동을 위한 구체적이고 체계적인 사회성 기술 향상 지도 프로그램의 제공은 현장교사와 부모의 답답함과 갈증을 해소해 줄 수 있는 하나의 방안임에 틀림없습니다.

이 책은 사회성 기술을 집단행동, 자기조절, 또래관계, 커뮤니케이션이라는 네 가지 영역으로 크게 나누고, 발달장애 아동이 실제로 어려움을 경험하고 있는 각 영역별 특정 사례를 엄선하여 그에 따른 구체적인 지도 내용 및 방법을 매뉴얼의 형태로 알기 쉽게 제시하고 있습니다. 또한 장애아동의 이해를 돕기 위하여 다양한 삽화는 물론, 아동이 직접 체험하고 수행할 수 있는 각양각색의 놀이 활동과 학습지를 제공함으로써 경험 및 활동 중심 교육을 몸소 실천하고 있습니다. 따라서 이 책은 사회성 기술이 부족하여 대인관계 및 의사소통 등 전반적인 사회 적응에 어려움을 보이는 장애아동과 씨

름하며, 지금 이 시간에도 그들의 사회성 기술 지도를 위해 고민하고 애쓰는 현장교사와 부모 그리고 관계자들에게 의미 있고 유용한 실천 매뉴얼이 될 수 있으리라 생각합니다.

　마지막으로 이 책이 출간될 수 있도록 물심양면으로 지원해 주신 학지사 김진환 대표님과 편집부 선생님들께 진심으로 감사의 말씀을 전합니다.

2015년 10월
역자 일동

┃편저자 서문┃

인간은 사회적 동물입니다. 우리는 사회 속에서 타인과 관계를 맺으며 살아가고 있습니다. 그러나 인간은 단순한 동물이 아닙니다. 특별히 발달된 뇌와 고도의 지능을 가지고 있는 유일무이한 존재이기 때문입니다. 인간의 뇌는 사회 공동체 속에서 함께 생활하는 주변 사람들의 의도나 동기를 이해하고, 자신의 의지에 따른 행동을 하기 위하여 진화해 온 것입니다. 이렇듯 인간의 지능은 고도의 의사 전달 수단인 커뮤니케이션 능력뿐만 아니라, 다른 동물과는 비교도 할 수 없는 풍부한 감정의 이해 및 표현 능력과도 깊은 연관성을 가지고 있습니다.

IQ(intelligence quotient, 지능지수)의 가치와 한계는 지난 100년에 걸쳐 심리학계의 큰 화두였지만, 오늘날에는 SQ(social quotient, 사회성지수)나 EQ(emotional quotient, 감성지수)의 중요성을 강조하는 사람들이 늘어나고 있습니다. 이는 복잡해지는 현대사회에서 다양한 사회적 능력이 더욱 중요시되고 있다는 사실을 반영한 것이라 할 수 있습니다.

오늘날 대인관계 양상에서도 큰 변화의 조짐이 보이고 있는데, 특히 아이들의 세계에서는 일상적으로 따돌림, 등교 거부, 학교폭력, 교실붕괴 등의 부정적인 현상이 관찰되고 있습니다. 또한 아동을 둘러싼 생활이나 교육환경에서도 마음, 몸, 성 그리고 학대, 방임 등에 관한 뉴스가 끊이지 않고 있습니다. 아이는 부모가 되고, 그 부모가 다시 아이를 낳아 양육하게 되기 때문에 항상 이와 같은 연결 고리가 교육에 의해 순환되는 것입니다. 이것이 오늘날 지적 발달에 중점을 둔 교육이 아닌 정서적 교육에 대한 필요성을 강하게 외치는 이유가 아닐까요?

우리는 오랜 기간 학습장애(LD)와 주의력결핍 과잉행동장애(ADHD), 고기능 발달장애(고기능 자폐증, 아스퍼거 증후군) 등으로 불리는 경도 발달장애 아동에 대한 특수교육의 필요성을 호소하며 실천 성과를 축적해 왔습니다. 이들은 무엇보다도 사회성 능력 신장 교육을 필요로 하고 있습니다. 즉, 발달장애 아동에게 있어 궁극적인 발달 목표는 사회적 자립이며 이를 실현하기 위해서는 사회성 기술 지도가 중요한 과제인 것입니다. 이러한 신념 아래 YMCA 토요쵸(touyoutyou) 센터를 중심으로 학습장애 전문가들이 함께 모여 이 책을 집필하게 되었습니다. 아울러 내용 이해를 돕기 위하여 모토야마 유우코(Motoyama Yuuko) 씨에게 삽화를 부탁하여 넣었습니다.

마지막으로 모든 아동이 사회 속에서 서로 이해하며 건강하게 성장하기를 진심으로 바라는 모든 분에게 이 책을 바칩니다.

2006년 5월

우에노 카즈히코(Kazuhiko Ueno)

| 차례 |

PART 1
사회성 기술 지도 시작 전에 알아 두어야 할 것

PART 2
사회성 기술 지도 프로그램

사회성 기술 지도 시작 전에
알아 두어야 할 것

1. 사회성 기술 지도의 실시 이유

LD는 사회성 기술 지도의 시작에 큰 우산 역할을 하였다

특별지원교육이 시작된 2007년 당시 학습장애(Learning Disability: LD)는 일본의 본격적인 사회성 기술 지도의 발판이 되는 큰 우산의 역할을 했다고 말해도 과언이 아닙니다([그림 1] 참조). 즉, LD가 특별지원교육의 시초가 된 것입니다.

1960년대에 경도 발달장애에 대한 교육적 관심이 높아지면서 LD라는 개념이 미국에서 등장했습니다. 이후 전통적인 '읽기(쓰기)장애'인 난독증을 중심으로 중복성이 높은 과잉행동장애(현재의 주의력결핍 과잉행동장애), 어색한 움직임 및 협응 운동에 어려움을 보이는 운동장애(현재의 발달성 협응장애), 지적장애를 수반하지 않는 자폐증, 그리고 오늘날 아스퍼거 증후군으로 진단받은 아동 중 일부도 이 우산을 매개로 필요한 교육 서비스를 요구해 왔습니다. 교육의 입장에서는 엄격한 정의에 따라 대상을 한정 짓거나 특정하기보다는 특별한 교육적 요구를 가진 다수의 아동에게 서비스를 제공한다는 사고가 강했던 것입니다.

[그림 1]　큰 우산의 역할을 담당한 LD

아이들은 사회성 기술 지도를 기다린다

아동은 다양한 인간관계 속에서 생활하고 경험을 축적하는 가운데 주위 사람의 의도나 감정 등을 보다 정확하게 이해하며, 그 사람의 입장에 서서 생각하는 능력이나 자신의 행동과 감정을 조절하는 능력, 그리고 필요에 따라 행동의 패턴을 바꾸어 가는 힘 등을 키워 나갑니다. 이러한 힘은 사람이 사람으로서 사회 속에서 살아가는 데 필요한 기본적인 능력이고 생존 기술인 동시에 삶의 기술이기도 합니다.

그러나 사회가 핵가족화되어 가면서 아동을 둘러싼 대인관계는 크게 변화하였습니다. 가족의 수가 줄고, 가정에서 최초로 겪을 수 있는 사회적 경험도 줄어들게 되었습니다. 반대로 양육 경험이 미흡한 부모와의 부적절한 애착관계에 따른 과잉 간섭이나 양육 불안 현상은 눈에 띄게 증가하였습니다.

오늘날의 이러한 변화 속에서 많은 아동이 사회성 기술 지도를 필요로 하게 되었습니다. 특히 사회적 자립이라는 중대한 발달 과제를 가진 경도 발달장애 아동은 그 누구보다도 사회성 기술 지도를 기다리고 있습니다.

2. 경도 발달장애아라 불리는 아이들

경도 발달장애란 무엇인가

경도 발달장애라는 용어는 LD나 ADHD 등을 대표하는 것으로서, 발달상 장애가 인정되며 다양한 학습 및 행동상의 어려움을 가진 아동을 폭넓게 의미합니다.

일본은 21세기에 특수교육에서 특별지원교육으로의 전환을 도모하면서 LD, ADHD, 고기능자폐증 등에 대한 교육적 대응의 필요성을 검토하게 되었고, 이때부터 이들을 총칭하는 용어로 '경도 발달장애'를 사용하게 되었습니다. 또한 고기능자폐증과 그와 유사한 장애인 아스퍼거 증후군을 포괄하여 고기능 전반적 발달장애(고기능 Pevasive Developmental Disorders: PDD)[1]로 명명하였습니다.

---

1   의학용어로서 자폐증 관련 장애를 넓게 일컫는 말이다. '전반적'이란 장애로 인정되는 발달 영역의 범위가 넓고 그 정도가 깊다는 의미다. 상호적 인간관계 및 의사소통 기술 발달에서 중도의 장애를 가지는 동시에 상

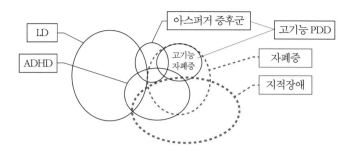

[그림 2] 경도 발달장애(LD, ADHD, 고기능자폐증)의 관계

앞서 언급한 것처럼 LD라는 개념을 축으로 하여 주변의 특별한 교육적 요구를 가진 여러 아동에게 도움을 준 것과 같이, 경도 발달장애라는 용어도 LD를 비롯한 유사 계통의 장애를 아우르는 새로운 우산의 역할을 하고 있다고 말할 수 있습니다. [그림 2]는 경도 발달장애에 포함되는 주요 장애 간의 관계를 나타내고 있습니다.

따라서 이 책에서의 사회성 기술 지도가 경도 발달장애 아동만이 아니라 경도의 지적장애나 경계선급 지적장애(지적장애는 아니지만 지적 발달에 지체를 보임) 아동까지를 대상으로 하여 각각의 인지 발달 수준 및 특성에 대한 이해의 기반 위에서 가능한 범위까지 확대 적용하고자 하는 이유는 '큰 우산'이 지닌 역할의 중요함을 인식하고 있기 때문입니다.

LD는 인지적, 편향성을 가진다 – 뇌는 정보의 파일 박스 –

LD는 1960년대 초에 미국에서 등장한 교육적 개념입니다. 이는 학업적 측면에서 아동의 특이한 어려움을 파악하려는 새로운 개념으로 급속하게 확대되어 갔습니다. 일본에서는 1990년경부터 LD 교육에 관한 공적 차원에서의 검토가 시작되었고, 이후 특별지원교육의 진전과 함께 2006년부터는 학습도움실의 대상으로 LD·ADHD가 정식으로 인정되었습니다.

LD의 정의(문부성, 1999)는 다음과 같습니다.

동적인 행동 패턴이나 흥미 또는 관심의 영역이 협소한 특징을 갖는다. 이들 중에서 지적 발달 지체를 수반하지 않는 고기능자폐증과 아스퍼거 증후군을 고기능 PDD라고 한다.

LD란 기본적으로 전반적인 지적 발달에서 지체를 보이지 않지만 듣기, 말하기, 읽기, 쓰기, 계산하기 또는 추론하기 능력 중에 특정한 것의 습득과 사용에 현저한 곤란을 나타내는 상태를 지칭하는 것이다. LD는 그 원인으로 중추신경계에 어떠한 기능장애가 있는 것으로 추정되지만 시각장애, 청각장애, 지적장애, 정서장애 등의 장애나 환경적인 요인이 직접적인 원인이 되는 것은 아니다.

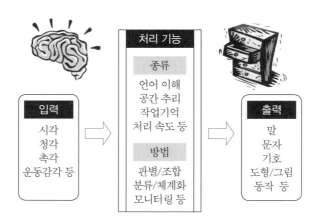

[그림 3] 뇌는 정보의 파일 박스

이처럼 LD는 지적 발달에서 큰 지체를 나타내지 않지만, 학습 면에서는 특이한 실패나 습득에서의 어려움을 가지기 쉬운 아동을 총칭하기 위해 사용되고 있는 개념입니다. 이는 지적 발달의 전반적인 지체보다도 인지 발달의 부분적인 지체나 편향으로 인해 주로 아동에게 있어 학습상 불리한 상황을 초래하게 됩니다.

인간의 뇌 기능은 컴퓨터와 비슷하며 고도의 정보처리 장치로도 비유됩니다. 즉, 뇌는 정보의 파일 박스([그림 3])와 같은 역할을 하는 것으로서, LD는 학습에 관계되는 일부 정보의 인출에 약간의 결함이 있는 상태라고 말할 수 있습니다.

LD 아동은 일반학급에서 학업적인 어려움을 나타낼 뿐만 아니라 적응 면에서도 다양한 어려움을 가지기 때문에 사회성 기술 지도의 필요성이 일찍부터 지적되어 왔습니다.

ADHD에는 주의력결핍 유형과 과잉행동·충동성 유형이 있다

ADHD(주의력결핍 과잉행동장애)는 LD와 중복성이 높은 장애입니다. 학교에서는 특히 과잉행동이나 충동성과 같은 행동상의 문제가 매우 눈에 띄기 쉽습니다.

ADHD는 다음과 같이 정의(문부과학성, 2003)됩니다.

> ADHD는 연령 또는 발달에 부합하지 않는 주의력 및 충동성, 과잉행동을 특징으로 하는 장애로 사회적인 활동이나 학업 기술에 지장을 초래한다. 7세 이전에 나타나며 그 상태가 지속되고 중추신경계의 특정 요인에 의한 기능 부전이 있는 것으로 추정된다.

[그림 4]에서 나타나는 것처럼 ADHD에는 주의력결핍 우세형, 과잉행동−충동성 우세형, 양자의 특징을 모두 지닌 혼합형의 세 가지가 있습니다.

ADHD 아동은 대인관계에서 다양한 문제를 일으키기 쉽기 때문에 학급 운영 시 교사는 이들의 지도에 많은 에너지를 소비하게 됩니다. 행동상의 문제를 갖고 있는 아동의 경우 학대나 따돌림, 등교 거부 등의 양상을 보이는 사례도 있기 때문에 이들 아동에 대한 대응은 주요 과제로 지적되고 있습니다.

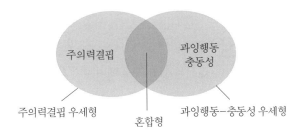

[그림 4] ADHD의 유형

자폐증과 유사장애에는……고기능자폐증·아스퍼거 증후군

경도 발달장애의 전형적인 예로 LD, ADHD 그리고 고기능자폐증이 있습니다. 고기능자폐증은 다음과 같이 정의(문부과학성, 2003)됩니다.

고기능자폐증의 발병은 3세까지이며 첫째, 타인과의 사회적 관계 형성 곤란, 둘째, 언어 발달의 지체, 셋째, 흥미나 관심의 범위가 협소하고 특정 사물에의 집착을 특징으로 하는 행동장애를 가진 자폐증 중 지적 능력 발달의 지체를 수반하지 않는 것을 말한다. 또한 자폐증은 중추신경계의 특정 원인에 의한 기능 부전이 있는 것으로 추정된다.

고기능자폐증은 자폐증의 진단 기준에 부합하면서도 지적 능력의 정도가 지적장애의 범위에 속하지 않는 것을 말합니다. 또한 앞의 고기능자폐증의 정의에서 두 번째인 '언어(의사소통) 발달의 지체'가 나타나지 않거나 양호한 경우에는 아스퍼거 증후군이라고 합니다. 아스퍼거 증후군을 '말하는 자폐증'이라고 부르는 것은 이러한 이유에서입니다.

한편, 고기능자폐증과 아스퍼거 증후군을 포괄하여 고기능 전반적 발달장애라고도 합니다.

PDD 아동은 특이한 행동 특성으로 인해 놀림이나 따돌림의 대상이 되기 쉽습니다. 또한 한 번 몸에 익은 습관에 집착하는 아동은 변화에 대해서 흥미를 느끼기보다 불안을 느끼기 쉽다는 사실도 알아두어야 합니다. 그러나 자폐증 고유의 특성인 집착행동을 장점으로 살려서 패턴화해 가르치는 방법은 효과적인 것으로 알려져 있습니다.

경도 발달장애도 큰 우산이라고 한다면……기타 장애

경도 발달장애를 큰 우산이라고 한다면 그 외에도 유사관련 장애를 포함시킬 수 있습니다. 예를 들면, 손 조작이나 전신의 협응 운동에 어려움을 보이는 발달성 협응장애(Developmental Coordination Disorders: DCD)가 있습니다. DCD 아동은 신체를 사용한 놀이 및 스포츠, 수작업, 게임 등에서도 뒤처질 경향이 높습니다.

또한 화내고 반항적이고 일부러 공격하고 자신의 실패를 인정하지 않으며 타인에게 책임을 전가하는 등의 행동 특성을 가진 적대적 반항장애(Oppositional Defiant Disorders: ODD)도 그 예가 될 수 있습니다.

이처럼 경도 발달장애에 LD, ADHD, 고기능자폐증 및 아스퍼거 증후군 이외에도 다양한 장애를 포함시켜 이해할 수 있습니다. 여기서 '경도'란 일반적으로 지적 발달의 지체가 가벼운 것을 의미합니다. 그러나 ADHD나 DCD 등의 경우에는 모든 지적 수준의 범위에서(즉, 지적장애를 수반하는 경우부터 그렇지 않은 경우까지) 발생할 수 있으며 인지적장애가 수반되는 경우 행동 및 운동상 곤란은 가중됩니다.

　이 책에서의 사회성 기술 지도는 경도 발달장애라는 큰 우산 아래에서 각각의 장애 특성을 배려하며 적용해 나가는 것을 목적으로 합니다. 그러므로 경도의 지적장애나 경계선급 지적장애 아동에게도 실시해 보시기 바랍니다. 이는 개별 아동의 요구나 특성에 적합한 사회성 기술 지도를 모든 아동에게 적용할 수 있다는 의미입니다.

3. 마음 이론 및 행동주의 이론을 배경으로 하는 지도 방법들

마음과 행동은 양면관계다

　아동의 마음과 행동은 매우 밀접한 관계에 있습니다. 마음은 행동으로 표현되고 행동은 마음을 통해 비춰집니다. 따라서 아동의 마음을 진정으로 이해하지 못하면 아동의 행동에 대한 이유를 이해하기도 어렵습니다. 또한 어떤 행동이 아동에게 바람직한 것이라도 마음의 구조를 모르면 그 행동을 유도할 수 없습니다.

　이러한 마음과 행동의 관계를 명확하게 파악하는 과학이 바로 심리학입니다. 이 책에서는 행동주의 이론(응용행동분석)이라고 하는 심리학의 방법을 이용하여 사회성 기술 지도를 전개해 나가고 있습니다. 아동의 행동 개선에 효과적인 대다수의 방법은 이와 같은 명백한 이론에서 도출되고 있는 것입니다.

아동은 문제행동으로 호소한다

　아동에게는 아동 나름의 생각이 있습니다. 그러나 때론 그것이 부적절한 행동으로 연결되기도 합니다.

- 원하는 것이 있다 ⇒ 힘을 이용해서 손에 넣는다, 원하는 것을 얻을 때까지 억지를 부린다.
- 하고 싶은 일이 있다 ⇒ 순서를 지키지 않는다, 참지 못하고 행동한다.

- 모두에게 주목받고 싶다 ⇒ 큰 소리를 내면서 떠든다, 엉뚱한 언행으로 웃음거리가 된다.
- 실패가 무섭다, 상처받고 싶지 않다 ⇒ 어려운 것은 하지 않는다, 변명하며 회피한다.

이상의 행동을 잘못된 행동 또는 유치한 행동이라 단정하지 말고 그 행동의 배경에 어떠한 마음이 있었는지 이해하는 것부터 시작해야 합니다.

부적절한 행동을 반복하는 악순환을 끊기 위해서는 아동의 행동만으로 판단하지 말고 그 배경에 있는 원인을 이해해야 합니다. 어떻게 하면 잘 할 수 있는지를 아동 자신이 스스로 이해하고 대처할 수 있도록 하는 것이 바로 지도의 기본입니다.

아동의 행동을 유심히 관찰한다 - 행동의 ABC -

이 지도의 목적은 아동의 바람직한 행동을 증가시키고 그렇지 않은 행동은 감소시키는 것입니다. 이를 위한 첫걸음은 아동의 행동을 세심하게 관찰하는 것에서 시작됩니다.

우선, 아동의 행동에는 반드시 계기가 되는 사건이나 조건이 있습니다. 이를 선행 사건(antecedents: A)이라고 합니다. 예를 들어, '수업 내용을 잘 모르겠다' '수업에 집중할 수 없다' '흥미를 가질 수 없다' '지루하다' 등 여러 가지가 있습니다.

선행 사건이 계기가 되어 우리의 눈에 띄는 행동(behavior: B)이 발생합니다. 아동의 몸을 계속 움직이거나, 의자를 덜덜거리거나, 큰 소리로 수업을 방해하거나, 옆 사람에게 참견하는 행동 등이 바로 그 예입니다.

그리고 그 결과(consequences: C)로 주변 친구들이 떠들기 시작하거나, 선생님이 주의를 주거나, 모두의 주목을 받으려고 하는 등의 새로운 행동이 나타나게 됩니다.

이러한 일련의 행동은 아동의 마음을 초조하게 하거나 불안하게 하고, 나아가 또 다른 부적절한 행동으로 발전되며, 패닉이라는 충동적이고 폭발적인 행동에까지 이르는 경우도 있습니다. 여기서 행동의 ABC를 안다면 특정 행동이 나타내는 의미를 이해하고, 아동의 실태를 정확히 파악할 수 있습니다. 우선, 관찰하고 분석하는 것은 지도의 내용을 결정하고 효과를 측정하는 데 있어 필수적입니다.

다음으로 지도 목표가 되는 행동을 결정해야만 합니다. 아동이 한 번에 그 행동을 수행하기 어려울 것 같다는 생각이 들면, 행동을 보다 상세하게 몇 단계로 나누어 봅니다. 이를 과제분석이라고 합니다. '할 수 없다'가 아니라 '할 수 있을 것 같다'고 아동이 느낄 수 있는 수준의 목표를 설정하는 것이 이 방법의 핵심입니다. 아울러 지나치게 많은 양의 목표를 세우지 않는 것도 중요합니다.

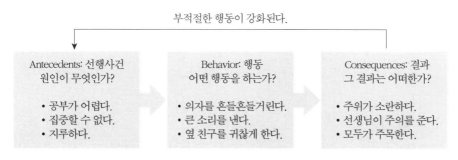

[그림 5] 아동 행동 관찰-행동의 ABC-

행동의 열쇠가 되는 강화에는 정적 강화와 부적 강화가 존재한다

긍정적이고 유쾌한 자극을 제시하였을 때, 특정 행동이 증가하는 결과가 지속적으로 발생하는 것을 정적(+) 강화라고 합니다. 인간 행동의 대부분은 정적 강화에 의해 학습됩니다. 예를 들어, 어머니가 집안일을 돕는 아동을 칭찬하는 이유는 돕는 행위의 중요성을 가르치기 위해서인데, 이로 인해 아동의 집안일을 돕는 행동이 증가하였다면 정적 강화라 할 수 있습니다.

반대로 부적(-) 강화란 어떤 환경 조건(일반적으로 싫은 것이나, 불쾌한 일 등의 혐오 자극)을 감소하거나 철회함으로써 특정 행동이 증가하는 것을 말합니다. 어머니가 잔소리를 하지 않자 아동이 열심히 공부하는 경우가 그 예입니다.

한편, 어떤 자극이나 요인에 의하여 특정 행동이 감소할 때 이를 벌이라고 하는데, 아동이 떠들 때 교사가 야단을 치면 그 행위가 감소하는 것이 예입니다. 또한 이전부터 강화된 행동이 더 이상 강화받지 못할 경우 그 행동의 출현 빈도가 줄어들게 되는데, 이러한 현상을 소거라고 합니다. 이와 같이 강화, 보상, 벌, 소거 등은 모두 행동주의 이론에서 사용되는 기본적인 용어들이며, 행동과 결과 사이의 관계를 나타내는 언어라는 사실에 주목할 필요가 있습니다.

약속(계약)은 중요하다

행동주의 이론에 근거한 지도라고 하면, 각설탕을 포상으로 받고 재주를 넘는 서커스단의 곰, 전자 막대기로 벌을 주면 순순히 말을 듣는 사자, 수족관에서 재주를 부릴 때마다 양동이의 작은 물고기를 먹이로 받는 돌고래 등을 연상하는 사람이 대다수일 것입니다. 따라서 '물건으로 유인하는 지도' 내지는 '길들이기 훈련' 등으로 빈정거리며 애초부터 부정하는 사람도 있지만, 이는 나무만 보고 숲은 보지 못하는 것이라 할 수 있습니다.

보상이나 벌을 통해 행동을 보다 바람직한 방향으로 증가 또는 감소시키는 방법은 모두 행동주의 원리에서 응용된 것입니다. 그러나 가급적 학습 및 행동 지도에서 아동에게 고통이나 불쾌감을 주는 혐오적인 수단은 사용해서는 안 됩니다.

가장 바람직한 사례는 보상이나 벌을 사용하더라도 약속(계약)이라는 일종의 쌍방 간 사전 동의를 전제로 하는 것입니다(토큰강화 및 반응대가). 즉, 일방적인 지도가 아니라 목표에 대해 서로 합의하고, 아동 본인에게 가장 적합한 문제 해결을 위해서라는 사실을 납득시킨 후 실시하는 지도가 최선입니다.

칭찬하기는 기본이다 −칭찬하기의 여러 가지 방법−

아동이 바람직한 행동을 했을 때는 즉각적으로 칭찬합니다. 그냥 무턱대고 칭찬하는 것이 아니라 어떤 행동이 좋았는지를 확실하게 알 수 있도록 구체적으로 칭찬하는 것입니다. 무슨 이유로 어떤 칭찬을 받았는지에 대해 아동 자신이 아는 것이 중요합니다.

"○○을 잘 했네."라며 특정 행동이 발생한 후 즉각 칭찬한다면 아동은 왜 자신이 칭찬을 받았는지 분명하게 알 수 있습니다. 어떤 행동을 하면 어떤 칭찬을 받을 것이라고

미리 약속(계약)을 해 두는 일도 효과적입니다.

칭찬하는 것은 행동의 정적 강화를 위한 보상으로 **강화제**라고 불립니다. 강화제에는 여러 가지 종류가 있는데 과자나 주스, 머리 쓰다듬기, 문구나 장난감, 스티커나 배지, 표창장 등이 포함됩니다. 또한 학급 대표와 같은 명예로운 역할을 하게 되는 것, 과제가 면제되는 것, 컴퓨터 게임 시간이 주어지는 것과 같은 강화제도 있습니다. 긍정적인 반응 보여 주기나 고개를 끄덕이는 행동 등은 사회적 강화제라고 합니다.

돈도 강화제로 사용할 수 있다고 생각할지 모르지만, 돈의 경우에는 부적절한 방법으로 손에 넣으려고 시도할 위험성이 있기 때문에 지도 시에는 사용하지 않는 것이 좋습니다. 그 대신 유효한 토큰 등을 사용하여 교환의 비율을 결정하고 시행하는 **토큰강화**를 실시할 수 있습니다.

또한 사전에 기본 점수를 결정한 다음, 부적절한 행동이 발생했을 때에는 아동 본인의 승낙 아래 감점을 하고, 남은 점수로 보상을 주는 방법을 반응대가라고 합니다.

훈육하는 것은 어렵다 - 타임아웃이란 -

훌륭한 지도는 칭찬을 통한 지도라고 흔히 말합니다. 물론 아동에 따라 칭찬의 의미나 강약이 다르다는 것도 알고 있어야 합니다. 교육적인 관점에서 칭찬하는 것은 그 효과의 정도가 아동에 따라 다르지만 비교적 안전한 방법이라고 말할지도 모릅니다.

그러나 훈육은 그리 쉽지 않습니다. 훈육이 여기서 설명하고 있는 벌이 되지 않는 경우도 있기 때문입니다. 예를 들어, 어떤 행동에 대해 강하게 훈육하면, 그 장면에서는 그 행동이 줄어들 수 있지만 다른 장면에서는 늘어날지도 모릅니다. 또한 훈육하는 사람을 무서워하거나 그가 싫어하는 다른 행동을 하고 있을지도 모릅니다. 칭찬은 효력이 좋기에 안전한 한약, 훈육하는 것은 극약이라고 말하기도 합니다.

아동이 바람직하지 않은 행동을 한 경우, 벌로 야단치는 대신에 타임아웃이라고 하는 방법을 사용하면 효과적입니다. 이것은 일정 시간 동안 아동에게 강화받을 기회를 주지 않는 것으로, 부적절한 행동을 줄일 수 있는 수단이 됩니다.

이 타임아웃은 벌이 아닙니다. 안정을 찾거나 자신을 되돌아보는 시간이라고 생각하는 것이 좋을 것입니다. 그렇기 때문에 길어야 몇 분간 주어집니다. 몇 십 분간 격리시키는 것은 타임아웃의 이름을 빌린 벌로, 확실한 오용이라 할 수 있습니다.

성취야말로 성공의 어머니다

실패는 성공의 어머니라고 흔히 말하지만, 모든 일에서 실패를 경험하기 쉬운 아동의 경우에는 '성취야말로 성공의 어머니'입니다. 그럼 어떻게 성공에 이를 수 있을까요?

수행을 잘 할 수 있도록 단서를 제공하는 것을 **프롬프트**(prompt)라 하고, 무대 등에서 배우에게 대사를 몰래 가르쳐 주는 역할을 하는 사람을 프롬프터라고 합니다. 실패를 자주 경험하는 아동에게는 이와 같은 프롬프트를 사용하여 아동의 행동을 성공으로 이끌 수 있습니다.

또한 행동의 표본을 보여 주는 것을 **모델링**이라고 하는데, 모방을 유도하는 프롬프트가 바로 모델링이라 할 수 있습니다. 그리고 바람직한 행동을 조금씩 단계적으로 몸에 익히

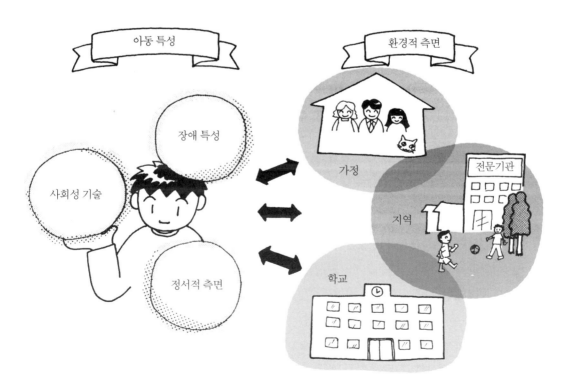

[그림 6] 아동을 이해하는 시점

는 방법은 **행동형성법**이라고 부르며, 이는 새로운 행동을 습득할 때 사용됩니다.

또한 우리는 불안을 느끼면 제 실력을 발휘하지 못하는 경우가 많습니다. 그렇기 때문에 지도 환경으로서는 아동이 편안해하는 장소이면서, 인간적이며, 다양한 요구에 적절히 대응할 수 있는 장면을 설정해야 함에 유의할 필요가 있습니다.

4. 사회성 기술 지도

사회성 기술이란 무엇인가

사회성 기술(social skills)은 실생활 기술 또는 사회적 기능 등으로 불리기도 하는데, 이 책에서는 사회성 기술을 사회생활이나 대인관계를 영위해 나가기 위해서 필요한 기능이라고 정의하고 있습니다.

LD나 ADHD 아동은 사회성 기술을 습득하지 못하였거나 그 방법을 모르기 때문에 교우관계 및 집단생활에서 불이익을 당하고 있습니다. 따라서 사회성 기술을 구체적인 방법이나 전략을 통해 가르침으로써 아동의 생활을 보다 풍성하게 지원할 수 있습니다.

그러나 아동이 사회성 기술을 알고 있다 하더라도 가정의 배려가 없거나 학교에서 교우관계가 좋지 않으면 그 기술을 잘 사용할 수 없습니다. 또한 아동이 안절부절못하거나 자신감이 없어지는 등의 심리적 상태로 인해 사람들과 안정된 관계를 맺지 못합니다. LD나 ADHD, PDD는 각각의 장애 특성에 따른 어려움이 매우 다양해서 지도할 때의 배려방법도 각양각색입니다. 따라서 아동을 적절히 지원하기 위해서는 사회성 기술을 가르칠 뿐만 아니라 아동을 둘러싼 환경이나 심리-정서적 상태, 그리고 아동의 장애 특성도 고려해야 합니다.

사회성 기술 지도 방법은 무엇인가

사회성 기술의 주된 지도 방법으로서는 교수, 모델링, 시연, 피드백, 일반화가 있습니다. 이들 방법은 세션 1회기 내에서 조합해서 지도하는 것이 효과적입니다.

| 워밍업 | 교수 말이나 그림으로 직접 가르친다. | 모델링 보고 배운다. | 시연 직접 해 본다. | 피드백 되돌아본다. | 일반화 어떠한 장면에서도 가능하도록 한다. |

[그림 7] 사회적 기술 지도 기법의 조합

(1) 말이나 그림 카드로 직접 가르친다(교수)

교수란 말이나 그림 카드 등을 통하여 직접 가르치는 것을 말합니다. 평소 부모나 교사가 "조용히 해라고 말해 봐." "감사합니다라고 말해 보렴." 등과 같이 일상적으로 흔히

사용하고 있는 방법이 이에 해당합니다. 그리고 특히 ADHD나 PDD 등의 아동에게는 구어적인 지시나 가르침만으로는 효과를 볼 수 없는 경우가 있기 때문에 그림 카드(시각적 상징)나 순서표 등을 사용하여 가르치는 것이 유용합니다. 인지적 능력이 평균이거나 그 이상인 아동에게는 '왜 이렇게 해야만 하지?' '이렇게 하면 어떻게 될까?' 등과 같이 이유 또는 결과를 예측하는 방법도 교수합니다.

또한 PDD 등의 아동은 일상의 암묵적 규칙을 알아차리지 못하는 경우가 많습니다. 따라서 사전에 규칙표나 계약서 등을 작성하여 '해야 할 것'과 '하면 안 되는 것'을 명확히 가르치는 것이 중요합니다. 어떻게 하면 좋을지 예측하며 행동할 수 있다면 집단행동이나 교우관계는 더 쉬워질 것입니다.

(2) 보고 배운다(모델링)

모델링에는 또래나 선생님이 바람직한 행동을 보여 주는 것 그리고 단순한 문제 장면을 보여 주고 어떻게 하면 좋을지 생각해 보도록 하는 것이 있습니다. 평소 부모나 교사가 쉽게 화를 내거나 아동에게 억압적인 태도로 대하면, 아동도 그 태도를 무의식적으

로 배우게 됩니다.

따라서 평소에 성인의 태도와 언행에 항상 신경을 써야만 합니다. 특히 유아나 저학년은 부적절한 모델도 모방하기 쉽기 때문에 가급적 적절한 장면만을 보여 주도록 노력해야 합니다.

(3) 직접 해 본다(시연)

실제로 연습해 보는 것을 시연이라고 합니다. 사회성 기술 지도에서는 주로 교사나 또래를 상대로 모의 장면을 시연해 보는 역할놀이가 사용됩니다. 다만 발달장애 아동의 경우, 모의 장면에서의 연습만으로는 기술 습득과 일반화가 잘 이루어지지 않습니다. 그러므로 게임을 통해 연습하거나 학습지를 사용해 연습하는 등 다층적으로 시연을 실시해야 합니다.

이 책에서는 지도 프로그램의 대부분에 게임을 삽입하여 즐겁게 연습할 수 있도록 구성하였습니다. 또한 역할놀이나 게임 장면에서만이 아니라 실제 인간관계에서도 사회성 기술을 사용할 수 있도록 촉진하고 있습니다. 이를 위해서는 일상생활 장면에서 지도자의 체계적이고 구체적인 단서와 안내가 필요합니다.

(4) 되돌아본다(피드백)

아동의 행동에 대해 칭찬하거나 수정을 요구하는 것을 피드백이라고 합니다. 아동의 문제행동이 발생한 후에 화내거나 주의를 주는 것도 피드백이 됩니다. 단, 효과적인 피드백 방법은 "그건 안 돼." "대답 안 하니?" 등과 같은 부정적인 표현이 아니라 지도자가 안정된 태도로 "고맙다고 말하는 게 좋겠지?"와 같은 긍정적인 표현을 사용하는 것입니다.

또한 아동이 바람직한 행동을 보인 경우에는 즉각적으로 평가하고, 단순히 칭찬하는 것에 그치는 것이 아니라 무엇에 대해서 칭찬했는지를 구체화·명시화하는 것이 중요합

니다. 무작정 칭찬만 받은 아동은 자존심만 강해져서 적절하게 자기인지를 할 수 없기 때문에 주의가 필요합니다.

따라서 아동의 연령이나 흥미, 관심 등에 따라 적절한 칭찬(강화)을 해야 합니다. 유아나 초등학교 저학년 학생의 경우는 스티커를 붙여 주는 것이 좋고, 초등학교 고학년이나 중학생의 경우는 다른 또래의 모델이 되어 보도록 기회를 제공하는 것이 효과적입니다. 그 외에 악수하기, 어깨 두드리기, 미소 짓기 등의 사회적 강화를 사용하는 것도 중요합니다. 점수를 모아서 그것을 원하는 것과 교환하는 토큰강화법을 사용해도 좋을 것입니다.

(5) 어떤 시간, 어떤 장소, 어떤 사람이라도 가능하도록 한다(일반화)

사회성 기술 지도를 실시해 보면, 지도 장면 내에서는 기술을 제대로 발휘할 수 있지만 실제 생활 장면에서는 잘 적용되지 않는 등의 일반화 문제가 자주 일어납니다. 특히 경도 발달장애 아동은 또래에게서 따돌림을 당하거나 어른이 아동의 특성을 이해해 주지 못하는 등 환경적 측면에서 다양한 문제가 발생할 가능성이 많은데, 그러한 환경에서는 아동이 습득한 기술을 제대로 발휘할 수 없습니다. 그러므로 일반화를 촉진하기 위해서는 아동 본인을 지도하는 것뿐만이 아니라 아동을 둘러싼 주변 환경에 대한 조정을 실시하는 것이 필요합니다.

따라서 먼저, 지도자는 지도 목표 및 프로그램을 부모나 담임교사 등과 공유해야 합니다. 아동이 어떤 부분에서 노력하고 있는지, 무엇에 열중하고 있는지 등에 대하여 구체적으로 교사와 보호자에게 전달하도록 합니다. 이 책은 마지막에 보호자 및 담임교사용 알림 양식(자료 1)을 제공하고 있습니다. 또한 학교, 가정, 지역사회가 적극적으로 연계·협력하여서 아동을 양육하고 지도해 나가는 것이 중요합니다.

한편, 일반화에는 배운 내용을 언제, 어디서 적용할 것인지 교수하거나 토론하는 활동도 포함됩니다. 또한 가정이나 재적학급, 지역사회 활동에서 실제로 실천해 볼 수 있는 과제를 제시하기도 합니다.

(6) 머리로, 몸으로, 언제든지 할 수 있도록 한다

LD, ADHD, 고기능 PDD 등의 경도 발달장애 아동은 특정 종류의 사회성 기술을 학습하는 데 있어 어려움을 겪고 있습니다. 따라서 사회성 기술을 지도하기 위해서는 구체적이고 정확한 방법이 필요합니다. 이 책에서는 인지적으로 이해하고 행동으로 확실하게 정착시켜 시간, 장소, 상대에 상관없이 일반화가 가능하도록 인지행동을 기반으로 한 학습을 추천하고 있습니다.

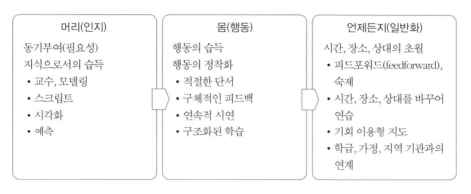

[그림 8] 인지행동적 학습 구조

첫째, '머리로'라는 것은 사회성 기술을 방법으로서 구체적으로 아는 것, 그리고 사회성 기술의 의미나 필요성을 이해하는 것의 두 가지를 말합니다. 둘째, '몸으로'라는 것은 행동으로 적용하는 것을 말합니다. 머리로 알고 있어도 실제 행동이 동반되지 않으면 살아 있는 학습이라고 할 수 없습니다. 셋째, '언제든지'는 일반화가 가능하도록 촉구해 나가는 것을 의미합니다. 요컨대, 이들 학습방법이 균형적으로 조직되도록 지도하는 것이 중요합니다.

장애 특성에 따른 지도의 중점은 무엇인가

(1) LD 아동을 배려한 지도

LD 아동의 지도에 있어서 주 증상인 '학업성취의 어려움(읽기, 쓰기, 셈하기)' '언어학습의 어려움(듣기, 말하기)'을 파악하는 것만으로는 충분하지 않습니다. LD와 중복성이 높은 특성인 '대인관계의 어려움' '운동의 어려움' '주의집중 · 과잉행동으로 인한 어려움'에 대해서도 배려해야 합니다.

LD 지도의 초점은 우선적으로 인지적 편향성을 고려하는 데 있습니다. LD에는 고유한 인지방법이나 정보처리 특성을 배려한 지도가 효과적입니다. 또한 학업성취나 언어학습의 어려움으로 인해 또래관계에서 따돌림을 당하거나 자신감이 저하되는 경우가 있고, 이차적 증상으로 정서·행동 면에서 문제를 가지는 경우가 다수이기 때문에 이에 대한 대응도 필요합니다.

LD 아동을 위한 사회성 기술 지도 시 주요 배려사항은 다음과 같습니다.

장점 활용형 인지 지도 LD 아동은 지적 능력에는 지체가 없지만 인지 특성에 있어서 편향성을 가지고 있기 때문에 장단점의 차이가 크다고 합니다. 따라서 LD에게 효과적인 방법은 개별 아동의 우세한 인지적 특성을 잘 활용하는 것입니다. 예를 들어, 언어 및 논리적 사고력이 뛰어난 경우에는 사회성 기술들이 일상생활에 어떻게 도움이 되는지 이미지화하고 연상하는 등 언어적으로 규칙화해서 가르칩니다. 또한 시각 인지가 뛰어난 경우에는 실제로 성인이 모델을 보여 주거나 시각적 교재를 활용하는 것이 효과적입니다.

판서 및 교수 지원 청지각적 능력이 약한 아동에게는 요점이 잘 전달될 수 있도록 짧고 알기 쉬운 말로 설명합니다. 판서를 할 때에는 정리해서 쓰는 것만이 아니라 핵심어 등을 강조하거나 시각적 상징이나 간단한 순서표를 사용하는 것도 효과적입니다.

쓰기 지원 쓰기에 어려움을 보이는 아동에게는 선택형 응답 방식 및 많은 글자를 쓰지 않아도 되는 학습지를 준비하는 등 쓰기 곤란으로 인해 생기는 부담감을 감소시킬 수 있는 다양한 지원방법을 강구합니다.

발표 지원 긴장을 잘하는 아동이나 말하기에 어려움을 보이는 아동의 경우는 학습지 등을 사용해서 미리 발표하는 내용을 준비하도록 합니다. 사전에 지도자를 상대로 시연해 보는 것도 좋은 방법입니다. 또한 요약 정리하는 것이 어려운 아동의 경우에는, 예를 들면 언제, 어디서, 누가 등의 질문을 사용해 정리표를 미리 작성해 두는 방법이 있습니다.

자기효능감 향상을 위한 지원 이차적 증상을 가진 LD 아동은 '발표를 한다' '친구에게 말을 건다' '함께 즐겁게 논다' 등과 같은 사회성 기술을 시행하는 것 자체에 자신감이 없는 경우가 있습니다. 이러한 아동에게는 사전에 지도자와 개별적으로 연습하여 자신감을 가지고 행동하도록 촉구하거나 아동이 잘 하는 것 또는 아동의 뛰어난 점을 자주 긍정적으로 평가하는 것이 바람직합니다.

(2) ADHD 아동을 배려한 지도

ADHD 아동은 주의력결핍, 충동성 및 과잉행동으로 인한 어려움이 대인관계나 집단행동에 큰 영향을 미칩니다. 그러므로 사회성 기술을 지도할 때에도 이러한 장애 특성에 대한 배려가 필요합니다.

주의집중 시간의 설정   아동의 주의집중 지속 시간이 짧은 경우, 한 과제를 의도적으로 몇 개의 단계로 나누어 시행합니다. 즉, 아동의 주의집중 시간을 고려하여 수업을 단계적으로 편성하는 것입니다.

좌석의 위치   아동의 좌석을 개별적인 관찰이나 지시가 쉬운 위치에 둡니다. 불필요한 자극(교재ㆍ교구, 게시물 등)이 눈에 들어오지 않도록 환경을 구성하면 아동이 안정적으로 수업에 임할 수 있습니다.

강화제 및 강화 시간   ADHD 아동은 칭찬방법 등의 강화제를 계속 연구해야 합니다. 스티커, 모두 앞에서 칭찬하기, 특권 주기 등이 강화제의 예가 될 수 있습니다. 그러나 항상 똑같은 스티커 붙이기, 똑같은 칭찬하기가 지속되면 금방 질려 버리기 때문에 어느 시점에서 새로운 강화제로 대체할 필요가 있습니다.

한편, 칭찬할 때에는 즉각적인 피드백이 기본입니다. 바람직한 행동이 발생하면 바로 "그 인사 너무 마음에 든다." "이야기를 잘 듣고 있구나." 등과 같이 긍정적으로 평가합니다. 다만 칭찬하지 않아도 바람직한 행동을 하기 위한 어느 정도의 행동 변화가 나타나기 시작하면, 점차적으로 평가하는 타이밍을 늦추도록 합시다(예를 들면, 즉시[1초 후]→활동/게임별[10분 후]→한 수업별[1시간 후]→한 학기별).

자존감 향상을 위한 지원   주의 및 꾸중을 자주 듣는 아동은 자존감이 낮아지기 쉽습니다. ADHD 아동은 특히 자신을 '안 되는 녀석' '무슨 일이든 실패한다' 등과 같이 부정적으로 파악하기 쉬운 경향을 나타냅니다. 아동의 자존감을 향상시키기 위해서는 지도자나 부모가 아동이 열심히 할 때 또는 노력하는 모습을 보일 때 긍정적인 피드백을 많이 해 주어야 합니다. 또한 작은 부주의로 인한 실수나 실패에는 관용을 베풀고 과도하게 주의를 주지 않는 것도 중요합니다.

타임아웃의 효과적 적용   아동이 안절부절못하거나 흥분된 경우에는 잠시 휴식을 취하는 것도 필요합니다. 타임아웃을 시행할 방이나 공간을 확보해 놓고 진정이 필요할 때 이용할 수 있도록 하면 좋을 것입니다. 아동은 자신을 스스로 진정시키는 것을 적극적으로 경험함으로써 자기조절 능력을 향상시킬 수 있습니다.

전문의와의 협력   ADHD 아동에게는 중추신경 자극제와 같은 약물이 행동 조절에 효과를 보이는 경우도 있기 때문에 전문의와의 협력을 통한 지도가 필요합니다.

(3) 고기능 PDD 아동을 배려한 지도

PDD는 대인관계나 의사소통의 어려움이 주요 장애이기 때문에 LD나 ADHD보다 사회성 기술 실천의 어려움이 더 심각합니다. PDD 아동의 사회성 기술 곤란의 배경에는 '주변 분위기나 상황을 파악하기가 어렵다' '암묵적 규칙을 이해하는 것이 불가능하다' '타인의 기분이나 생각을 추측하기 어렵다' 등과 같은 **사회적 인지장애**가 있습니다. 또한 자기 나름의 생각으로 고집을 부리거나 행동이나 기분 전환이 어렵다는 등의 보속증 및 집착 문제도 가지고 있습니다. 따라서 PDD 아동에게는 이러한 장애 특성에 적합한 지원이 필요합니다.

예측하기   PDD 아동은 자기 나름의 계획이나 생각에만 집착하기 쉽고 상황의 변화에 유연하게 대응할 수 없기 때문에 활동이 계획되었거나 해야만 하는 행동이 있다면 사전에 구체적으로 가르쳐 두는 것이 중요합니다. 갑자기 계획을 변경하면 아동은 패닉 상태가 되어 심한 스트레스를 받는 경우가 있습니다. 따라서 유아나 초등학교 저학년의 경우에는 가급적 계획을 변경하지 않는 배려가 필요하며, 사전에 '해도 되는 것' '주의해야 할 것'을 규칙이나 핵심어로 명시해 두는 것도 중요합니다. 즉, 부적절한 행동이 일어난 후에 주의를 주는 것보다는 바람직한 행동을 증가시키기 위해서 사전에 예측할 수 있도록 하는 것이 좋습니다.

시각화하기   PDD 아동은 언어 및 추상적 사고가 약한 반면 시각적 정보처리 능력은 뛰어난 사례가 많기 때문에 눈으로 보고 이해시키는 지원방법이 효과적입니다. 규칙, 방법, 스케줄 등을 표로 제시하거나 그림 등 시각적 상징으로 나타냅니다. 최근에는 사람들과의 의사소통 장면을 시각화하여 상대방의 의도나 기분, 사회적 상황을 정리해 이해시키는 만화도 효과적이라고 보고되고 있습니다.

단계화하기　PDD 아동은 "정리정돈하세요."라고 단순히 말하는 것만으로는 어떻게 해야 하는지 잘 모릅니다. 다른 사람이 말하는 것의 진의를 잘 알지 못하거나, 구체적으로 어떻게 하면 좋은지 이미지화하지 못하기 때문에 스크립트 기법을 주로 사용합니다. 스크립트는 작업 단계, 활동 예정, 문제의 해결법 등을 단계화해서 구체적으로 제시하는 방법입니다. PDD 아동에게는 어떻게 행동하는지 이해할 수 있게 만드는 대본 같은 것입니다. 캐럴 그레이(Carole Grey)는 사회적 행동을 단계화·대본화해서 지원하는 사회적 스토리라는 기법을 개발하였는데, 이것도 스크립트라고 할 수 있습니다.

패턴화와 패턴의 붕괴　PDD 아동의 학습 스타일은 유연하지 못하고, 한번 몸에 익힌 학습법이나 동일한 학습 내용을 고집하기 쉽습니다. 그러나 반대로 자폐증 고유의 집착하기 쉬운 특성을 살려서 패턴화하고 가르치는 방법은 효과적입니다. 반복하여 몇 번이고 동일한 단계를 의식적으로 연습함으로써 정확한 기술의 숙달을 도모할 수 있는 것입니다. 그러나 고기능 자폐증이나 아스퍼거 증후군 중에서도 지적 수준이 높은 아동 역시 패턴화되고 잘 정리된 환경에서 사회생활을 하는 경우가 비교적 적습니다. 따라서 대다수의 아동과 동일하게 유연하게 생각하고 차례차례로 문제에 대처해 나가도록 하는 방법이 요구됩니다.

초등학교 고학년이 되면 규칙에도 때와 장소에 따라 예외가 있다는 사실이나, 문제 해결 방법은 꼭 한 가지만이 아니라는 사실 등도 지도해야 합니다. 우선적으로는 패턴을 가르치고 행동을 확립시킨 다음, 그것을 붕괴해야만 하는 상황도 경험하게 합니다.

어른이 집착하여 아동과 부딪치지 않기　"미안합니다라는 말을 꼭 듣고 말 거야." "다른 아이들과 함께 놀 수 있게 만들 거야." 등과 같이 의외로 어른에게도 어떠한 집착이 있고, 그것을 아동에게 강요하는 경우가 있습니다. 아동이 완고하게 고집을 부릴 경우에는 같은 수준에서 욱하며 부딪히지 말고 냉철하게 대응하는 것이 바람직합니다. 부적절한 행동에는 일관적으로 냉정하게 주의를 주고, 그 대신 취해야 하는 바람직한 행동을 가르칩니다. 그 이상으로 끈질기게 닦달하며 아동을 몰아세우지는 말아야 합니다.

흥미, 관심, 속도에 맞추어 친구 만들기　PDD 아동은 흥미 있는 것을 매개로 하여 친구와 관계를 맺는다면 의사소통을 더욱 잘 할 수 있습니다. 동등하고 만족스러운 또래 관계는 아동의 사회성을 자연스럽게 기를 수 있게 합니다. PDD 아동은 동일한 학습 속도나 동일한 세계관을 가진 또래와의 상호작용을 통해서 사회성 기술을 학습해 나갑니다. 따라서 PDD 아동의 사회성 기술 지도는 우선 또래 친구 만들기부터 시작할 필요가 있습니다.

(4) 경도 및 경계선급 지적장애 아동을 배려한 지도

경도 및 경계선급 지적장애 아동은 이해력에 있어서 어려움을 보이기 때문에 보다 세심하고 구체적인 지도가 요구됩니다. 특히 LD, ADHD, PDD 중 지적 수준이 경계선급(또는 경도 지적장애)인 경우, 사회성 기술의 곤란은 더 가중됩니다. 따라서 이해력의 측면만이 아니라 LD, ADHD, PDD의 특성을 충분히 배려한 지도를 모색해야 합니다.

보다 구체적으로 보다 알기 쉽게　모든 아동에게 적용되는 사실이지만, 특히 지적 이해력에 장애를 가진 아동에게는 알기 쉬운 지시와 구체성이 요구됩니다. 구어적으로만 가르치는 것이 아니라 지도자가 직접 모델이 되어 구체적으로 하나하나를 실행 가능하도록 지원합니다. 또한 실생활 장면에서의 지도가 매우 중요하며, 일상생활 속의 자연스러운 교육 과정에 섬세하게 대처해 나가는 '생활단원 학습'의 접근을 잊어서는 안 됩니다.

아동이 달성 가능한 지도 목표의 설정　경도 및 경계선급 지적장애 아동이 느끼고 있는 어려움은 교사나 부모는 이해하기 힘든 것입니다. 그런 탓에 아동이 할 수 있는 범위를 넘어서는 혹은 학습이나 대인관계에 있어서도 무리한 지도를 행하는 경우가 흔히 발생합니다. 지도 목표는 주변 일반아동의 기준이나 어른이 생각하는 기준으로 설정하는 것이 아니라 개별 아동 스스로가 단기간에 약간의 노력으로 달성할 수 있는 것부터 설정해야 합니다.

생활환경/교육 환경의 조정　아동 본인과 자신을 둘러싼 주변 환경이 맞지 않으면 아동은 정서적으로나 행동적으로 다양한 문제를 일으킵니다. 게다가 그것은 아동의 성장 기회를 빼앗아 버리는 일이 되기도 합니다. 따라서 개별적인 대응이 이루어질 수 있으며, 소집단으로 또래관계를 형성할 수 있는 교육 환경을 제공하는 것이 중요합니다. 아동에게 적합한 생활환경이나 교육 환경이 마련되어 있으면 사회성 기술 지도에 있어 보다 뛰어난 효과를 거둘 수 있을 것입니다.

(5) 운동 면에서 어려움을 보이는 아동을 배려한 지도

운동 면에서의 서투름은 LD나 PDD 아동에게 많이 나타납니다. 미세운동에서 어려움이 있는 아동은 연필이나 자 등의 문구, 리코더 등의 악기를 사용하는 것이 어색하고 서투릅니다. 따라서 쓰기와 같은 섬세한 작업 활동에 저항감을 느끼기 쉽습니다. 또한 거친 운동이나 협응 운동이 어려운 아동은 밖에 나가서 노는 것을 싫어하거나, 운동이 서투르기 때문에 친구가 거부하는 경우도 있습니다. 그러므로 어려운 활동은 정확하고 바르게 연습하는 것이 필요하지만, 사회성 기술 지도에서는 아동의 서투름이나 저항감을 충분히 배려해 나가야 합니다. 소집단에서 축구나 피구 등을 가볍게 한다면 저항감이 줄어들 수 있습니다.

(6) 등교 거부나 PDD 아동을 배려한 지도

등교 거부나 PDD 아동의 문제행동 배경에는 대부분 정서적 문제가 존재합니다. 또한 경도 발달장애 아동은 이차적 증상으로 정서 및 행동 문제를 지닌 경우가 많기 때문에 자기효능감이나 자존감을 높이는 지도가 필요합니다. 따라서 감정 조절 프로그램을 실시하여, 첫째, 어른이 감정을 승인한다, 둘째, 감정의 인지와 표현을 촉구한다, 셋째, 부정적인 감정에 대처하는 방법을 가르친다와 같이 단계별로 지원합니다. 단, 정서 및 행동 문제가 심한 경우에는 사회성 기술 지도 자체가 어려울 수 있기 때문에 이런 경우에는 개별 상담이나 놀이치료를 받도록 권하거나 아동을 둘러싼 환경(가정, 학교, 지역)을 조정해 주는 것이 중요합니다.

게임을 활용한다

원래 아동의 집단 활동이나 사회성 기술 지도 프로그램에서는 아동이 저항감 없이 즐길 수 있도록 게임이 많이 사용되고 있습니다. 따라서 이 책에서는 프로그램의 대부분에 게임을 삽입했습니다. 게임은 아동의 동기부여를 강화시킬 뿐만 아니라, 지도 시 기술을 실천적으로 연습할 수 있다는 이점이 있습니다. 연령이나 아동의 흥미·관심에 따라 워밍업 및 사회성 기술 지도의 습득과 일반화 과제로서 게임을 도입하면 좋을 것입니다. 게임은 기존의 다양한 게임 활동을 응용하거나 아동이 평소 잘 하는 것 또는 텔레비전이나 학교에서 현재 유행하고 있는 것 등을 도입한다면 보다 효과적일 것입니다.

5. 사회성 기술 지도의 중점

사회성 기술 지도의 세 가지 유형은 무엇인가

기존에 시행하고 있는 사회성 기술 지도에는 '활동형' '교수형' '기회 이용형' 세 가지 유형이 있습니다. 각 지도는 아동의 실태에 맞추어 임기응변적으로 시행할 수 있습니다.

활동형(activity-based) 지도는 아동이 즐기는 게임이나 활동을 중심으로 지도를 계획하고, 또래관계를 형성하여 더욱 친해지도록 하는 것을 목표로 합니다. 적극적으로 기술을 가르치기보다는 또래관계를 만드는 것, 집단활동에 즐겁게 참가하는 것, 성공 경험을 토대로 기술을 배우는 것에 중점을 둡니다. 현재 사회성 기술을 향상시키는 데 효과적인 연습 방법도 개발되어 있습니다.

이 지도는 연간 프로그램의 워밍업으로서 또래관계를 형성하거나 집단활동에 대한 동기를 부여하기 위해서 실시합니다. 또한 또래에 대한 관심이 부족하거나 또래와 관계를 맺지 않는 아동이 있는 경우에는 활동형 지도를 통해 또래와의 상호 교류를 증가시키고 또래와 함께 놀거나 활동하는 것은 기분 좋은 일이라는 인식을 심어 줍니다. 아울러 대인 불안 등의 이차적인 문제를 경감시키는 효과도 기대할 수 있습니다. 그러나 이 방법은 효과적이고 생산적인 기술의 학습에 있어서는 큰 기대를 하기 어렵습니다.

교수형(instructional) 지도는 집단 내 아동의 지도 목표를 바탕으로 사회성 기술의 주제를 결정하고, 그에 따라 프로그램을 계획해 나가는 방법입니다. 모델링 장면을 통해 문제를 이해하고 기술을 배우며 역할놀이를 통해 연습할 수 있도록 프로그램이 구성되는 것입니다. 아동끼리 혹은 지도자와 아동 간의 좋은 관계가 시작되었을 시점에 교수형 지도를 실시하며, 실생활 장면에서 아동이 어려워하고 있는 것과 힘들어하고 있는 것을 주제로 정하여 적극적으로 교수합니다. 생산적이고 효과적인 기술 학습이 가능하지만, 이를 위해서는 아동이 높은 동기부여를 가지고 지도에 참가할 필요가 있습니다. 따라서 이 지도는 동기부여가 낮은 아동이나 정서 및 행동상의 문제가 심각한 아동에게는 맞지 않습니다.

기회 이용형(incidental) 지도는 일상생활 속에서 기회를 발견하여 기술을 지도해 나가는 방법입니다. 실생활 장면에서 그때그때 교수하거나 피드백하거나 모델링합니다.

특히 특정 프로그램이나 집단을 구성하지 않고 지도자가 대상아동의 주도에 따라 움직입니다. 일상생활 장면에서 지도하기 때문에 일반화에 도움이 된다는 특징이 있습니다. 따라서 일반화의 문제가 있는 교수형 지도 프로그램에 기회 이용형 지도를 결합함으로써 상호 보완해 나갈 수 있습니다.

수업을 조직한다

특수학급이나 특수교육지원센터 및 사설 치료실에서 지도를 시행할 때에는 주 1회, 45~90분 정도로 조직하는 것이 적절합니다. 1회 지도는 다음과 같은 전개로 구성합니다. 먼저 **도입**에서는 활동 소개하기 등을 목표로 지도자가 사회자의 역할을 수행합니다. 그 시간의 활동 주제를 정하고 발표해 보도록 하는 것도 좋습니다. 또한 개별 목표나 집단 목표가 있을 경우, 이 목표에 대해서도 설명합니다. 다음은 **워밍업**으로 몸과 마음의 긴장을 완화시킬 수 있는 간단하고 즐거운 게임을 실시한 후, 사회성 기술 지도 프로그램을 준비합니다. 학교에서 수행하고 있는 활동이나 일상 속 친구관계에서 주로 사용하는 게임 등을 실시해도 좋을 것입니다. 그 다음은 **사회성 기술 프로그램**으로 이 책의 〈실천편〉에 소개하고 있는 활동들을 실시합니다. 매회의 지도는 확실하게 기술이 누적될 수 있도록 연관되는 주제를 선택하는 것이 바람직합니다. 연초에는 이 단계에서 워밍업 게임이나 즐겁고 활동적인 게임을 실시해도 좋을 것입니다. 다음으로 **재미있는 활동/운동 게임**에서는 몸을 움직이거나 친구와 협력하는 것이 가능한 게임을 시행합니다. 이전 단계인 사회성 기술 프로그램에 관련되는 게임을 삽입하여 기술을 실천하도록 해 보아도 좋을 것입니다. 초등학교 저학년의 경우에는 승패에 관련되는 게임을 이 단계에 넣어 실시하는 경우도 있습니다. 마지막으로, **정리**에서는 반성 시트(자료 2, 자료 3)를 사용하여 그날의 활동에 대해서 되돌아보며 반성합니다. 무엇을 했는지, 느낀 점은 무엇인지 등에 대하여 작성하도록 합니다. 집단활동을 하면서 느낀 감정을 표현하고 소화하는 것도 목표가 됩니다. 또한 개별 목표나 집단 목표가 설정되어 있는 경우에는 자기 평가 및 지도자 평가를 실시합니다.

한편, 사회성 기술 지도는 1년 동안의 기간에 걸쳐 실시하는 것이 바람직합니다. 연초에는 활동형 지도를 통하여 집단활동에 대한 동기를 부여하고, 집단 내 또래관계를 형성하는 것을 목표로 합니다. 그다음 교수형 지도를 통해 적극적으로 기술을 지도해

갑니다. 마지막으로 연말에는 지금까지 배운 것을 정리합니다. 이 책에서 소개하는 사회성 기술 지도는 3~10명의 소집단을 기본으로 실시합니다. 긍정적인 또래관계를 통해서 사회성 기술 지도를 시행하면 보다 효과적이기 때문에 집단 구성이 매우 중요합니다. 한 집단 내 아동은 동일한 성별 및 동일한 지도 목표를 공유하도록 구성하는 것이 핵심입니다. 〈표 2〉에서 체크 항목을 제시하고 있습니다.

〈표 1〉 초등학생의 지도상 전개 방법(90분)

1	도입	10분
	사회 진행, 인사, 출석 확인, 일정, 1분간 발표	
2	워밍업	10분
	카드 게임, 유행하는 게임 등 간단하게 즐길 수 있는 활동	
3	사회성 기술 프로그램	30분
	목표가 확실하고 지도의 중심이 되는 프로그램	
4	휴식	10분
5	재미있는 활동/운동 게임	20분
	몸을 움직이는 게임이나 집단 구성원 모두가 즐기는 활동	
6	정리	10분
	사회 진행, 오늘의 감상, 선생님 말씀, 인사	

* 유아나 초등학교 저학년의 경우에는 한 단계가 길어도 10분을 넘지 않는 것이 좋다.

집단을 조직한다

(1) 참가자 구성

〈표 2〉 집단 구성 시 체크 항목

1	연령이 비슷하다.
	초등학년 1~3학년/4~6학년/중학생 (본래는 동일 학년이 최상임)
2	놀이나 취미가 맞다.
	활발하게 움직이기/실내놀이/컴퓨터나 텔레비전 게임/화제/흥미·관심
3	지적 수준이 유사하다.
	경도 지적장애~경계선급 지적장애/표준지능/표준보다 뛰어남
4	행동 및 정서의 문제가 심각하지 않다.
	반항, 행동장애, 불안, 혼란, 인간 불신이 강한 경우, 집단 지도에는 부적절한 경우

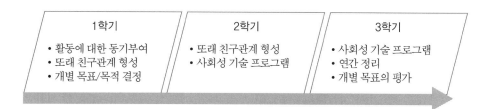

1학기	2학기	3학기
• 활동에 대한 동기부여 • 또래 친구관계 형성 • 개별 목표/목적 결정	• 또래 친구관계 형성 • 사회성 기술 프로그램	• 사회성 기술 프로그램 • 연간 정리 • 개별 목표의 평가

[그림 9] 연간 지도의 전개

(2) 지도자의 구성

아동 3~10명으로 이루어진 집단에는 일반적으로 2~4명의 지도자가 함께하는 것이 바람직합니다. 유아나 초등학교 저학년의 경우 지도자가 많다면, 집단 지도일지라도 개별적인 개입을 많이 할 수 있으므로 효과적입니다. 지도 시에는 전체 프로그램을 진행하는 주 지도자(1인)와 개별적인 개입을 하거나 보조적으로 움직이는 보조 지도자(그 외 몇 명)로 나눌 수 있습니다. 각각의 역할에 있어서 주요 사항은 〈표 3〉, 〈표 4〉와 같습니다.

〈표 3〉 주 지도자(1인)의 역할

① 아동 전원에게 알기 쉽게 설명한다.
② 집단 전체가 숙지해야 하는 좋은 내용이 있다면 활동의 흐름을 끊어서라도 교수하거나 아동과 토론한다.
③ 사회성 기술 및 집단의 규칙을 가르친다.
④ 모델링 장면이나 역할놀이의 안내자 역할을 한다.
⑤ 아동 전원의 주의를 앞으로 향하게 한다.

〈표 4〉 보조 지도자(복수)의 역할

① 아동이 게임이나 활동을 이해할 수 있도록 개별적으로 보조한다.
② 집단 전체로 숙지할 필요성이 없는 내용은 개별적으로 교수한다.
③ 개별 지도의 규칙을 개별적으로 가르친다.
④ 모델링 장면이나 역할놀이에서 시연을 한다.
⑤ 개별적인 말 걸기(시각적 상징) 등을 통해 아동의 주의를 앞으로 향하게 한다.

칠판: 무엇을 해야만 하는지와 지금 어떤 활동을 하고 있는지를 적고, 알기 쉽게 게시물을 활용한다.

[그림 10] 교실의 구조화

교실을 구조화한다

ADHD나 PDD 아동은 주의집중의 문제를 가지고 있기 때문에 자극이 적고 안정된 환경을 마련해 주는 것이 중요합니다. 칠판에는 출석표, 목표(또는 오늘 배울 사회성 기술), 활동 스케줄 정도의 사항만을 간략하게 제시하도록 합니다. 또한 아동의 좌석도 자연스럽게 앞으로 초점이 향하도록 배치합니다([그림 10] 참조).

6. 사회성 기술 지도의 평가

좋은 지도는 평가에서부터 시작된다

특수교육에서는 좋은 지도를 시행(DO)하기 위하여 아동의 실태를 파악하고 이를 토대로 프로그램을 계획해 나가는 것(PLAN), 그리고 지도의 도중 또는 지도가 종료된 후에 그 지도가 좋았는지, 개선점은 무엇인지 등에 대하여 평가하는 것(SEE)이 바람직합니다.

이 같은 'PLAN-DO-SEE'의 이념 아래 사회성 기술 지도 프로그램을 조직합니다. 특히

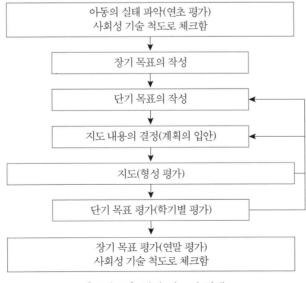

[그림 11] 연간 지도의 전개

첫째, 아동의 실태를 파악하는 것, 둘째, 지도 효과를 측정하는 것이 중요하다고 할 수 있습니다.

사회성 기술 척도로 평가한다

아동의 실태를 파악하기 위해서 또는 지도 효과를 측정하기 위해서는 평정척도를 이용하여 평가하는 것이 좋습니다. 실시 시기는 연초와 연말 2회가 가장 적당합니다. 사회성 기술 지도가 특수학급과 같이 통합교육의 장면에서 시행되는 것이라면 재적학급의 담임교사에게도 일상의 모습을 평가받는 것이 바람직합니다. 사회성 기술 척도의 구체적인 이용방법에 대해서는 이 책의 부록에 제시하고 있습니다.

지도 내용을 결정하기 위하여 평가한다

사회성 기술 척도 각각의 항목을 체크하여 점수를 내고 그것을 평가점으로 환산하면, 아동의 연령 집단에 근거한 상대평가가 됩니다. 즉, 동일 연령대의 아동과 비교하여 '집단행동' '또래관계' 등의 기술 영역별로 어려움이 있는지 파악할 수 있습니다. 부족한 기술 영역은 그대로 지도 영역으로 연결됩니다. 지도를 실시할 때에는 부족한 기술 영역(지도 영역)에 대응하는 프로그램을 선택해 나갑니다. 또한 기술 영역이라는 상위 범주만이 아닌 각 항목별로도 자세하게 파악합니다. 낮게 평정된 항목을 골라 그

사회성 기술 척도의 결과 정리	지도 목표 (장기 목표, 단기 목표)	지도 방법, 지도 내용 사회성 기술 프로그램
집단행동: 5 자기조절: 6 또래관계: 10 커뮤니케이션: 8 과제 항목 집단: 규칙에 따라 게임에 참가할 수 있다. 셀프: 친구가 싫어하는 것은 말하거나 행동하지 않는다. 언어: 결정된 의견에 따를 수 있다.	장기 목표 ① 상냥한 말을 습득한다/ 독설을 하지 않는다. 장기 목표 ② 토론을 협조적으로 시행한다. (의견에 따른다/의견을 제안한다/ 상대의 의견을 수용한다.)	규칙을 매회 사전에 제시한다/ 완성되어 있는 장면을 보면서 긍정적으로 피드백한다. 실시 프로그램 좋은 말·나쁜 말 알기(No. 15) 함께 결정하기(No. 19) 제안하기(No. 22)

[그림 12] 지도 내용을 결정하기 위한 평가지의 예(ADHD 초4, 남아)

중에서 아동의 사회 적응에 중요한 것과 지금 단계에서 지도하면 좋은 것을 1~3개 선택합니다. 그리고 그 항목을 토대로 지도 내용을 결정합니다. 지도 내용을 결정하기 위해서는 이 책에 제시된 평가 양식(자료 4, [그림 12])을 사용합니다. 지도 내용은 집단의 참가자 전원이 과제로 채택할 수 있는 기술로 구성합니다. 집단 내에서 지도 내용에 통일성이 없는 경우에는 아동이 개별적으로 필요로 하는 기술을 하나씩 선정해도 좋을 것입니다.

지도 효과를 파악하기 위하여 평가한다

특수교육은 아동을 위한 지도를 실시해야만 하는 의무가 있으며, 이를 위해 교사는 지도 후의 평가를 객관적으로 수행해야만 합니다. 즉, 사회성 기술 척도를 사용하여 효과 측정을 하는 것입니다. 가능하다면 사회성 기술 지도를 시행하는 지도자만이 아니라 아동과 가장 오랜 시간 동안 접촉하고 있는 재적학급의 담임교사에게도 지도 전후에 대한 평가를 받으면 도움이 될 것입니다. 또한 재적학급의 담임교사나 부모와의 직접 면담을 통해 아동의 실태를 전달받거나, 아동이 중학생 정도의 연령대라면 직접 본인과의 면담을 통해 평가할 수도 있습니다.

PART 2
사회성 기술 지도 프로그램

〈실천편 해설〉 적절한 활용을 위하여

실천편은 서른여덟 가지의 사회성 기술 지도 프로그램으로 구성되어 있습니다. 이 프로그램은 유아, 초등학교 저학년, 초등학교 중학년, 초등학교 고학년, 중학생을 대상으로 순서대로 배열하였고 각각의 지도 영역도 확인 가능하도록 되어 있습니다. 지도 대상이 되는 아동의 학년과 평가에서 도출된 지도 영역 두 가지를 기본으로 실천편 프로그램을 선택하여 실시한다면 좋을 것입니다. 사회성 기술 지도 프로그램은 다음의 항목에 따라서 전개되고 있습니다.

지도 영역   집단행동, 자기조절, 또래관계, 커뮤니케이션의 네 가지 지도 영역을 설정하고 있음. 이들 지도 영역은 엄밀히 구분할 수 없는 경우도 있지만, 사회성 기술 평가 결과를 참고하여 지도가 필요한 영역에서 프로그램을 선택할 것

- 집단행동: 학교생활이나 집단행동 등 형식적인 인간관계에 필요한 기술
- 자기조절: 행동, 주의집중, 충동성, 감정 등 자기통제에 관한 기술
- 또래관계: 친구관계를 유지하거나 우정을 형성하는 데 필요한 기술
- 커뮤니케이션: 대화, 의견, 자기표현 등 의사 전달에 필요한 기술

실시 시간   프로그램을 실시하는 데 필요한 시간 및 대략의 기준

프로그램의 개요   프로그램에 대한 간단한 설명

목표   주제가 되는 사회성 기술을 구체적인 하위 기술로 나눈 것

게임   이 프로그램에서 활용하면 효과적인 게임. 아동이 놀이를 통해서 재미있게 사회성 기술을 배울 수 있도록 대다수 프로그램에 게임을 선별하여 삽입함. 여기에서 제시된 게임은 하나의 예시이기 때문에 이를 참고하여 개별 아동의 실태에 따라 준비하거나 다양한 활동을 시도할 것

준비물   학습지, 게시물 등

유의점   이 프로그램을 실시하는 데 있어서 유의할 점

관련 프로그램　　실천편의 프로그램들은 서로 관련되어 있음. 확실한 기술을 숙달하여 일상생활에 적용하기 위해서는 계통적으로 사회성 기술 지도 프로그램을 계획할 필요가 있음. '←'은 이 프로그램을 실시하기 전에 해 두어야 할 것, '→'은 이 프로그램을 실시한 후에 하면 좋은 것, '⇔'은 쌍방 관련되어 있으며 어떤 것이든 먼저 실시해도 괜찮다는 것을 나타냄

지도의 전개　　어떻게 지도를 진행할 것인지 지도 계획안 제공

게시물, 학습지, 사회성 기술 지도에 사용되는 게임　　지도 시 활용되는 학습지나 게시물 양식을 제공. 또한 사회성 기술 지도에 사용되는 게임도 상세하게 기술. 이를 그대로 지도 시 활용하거나 수정 · 보완해도 무관하므로 대상 아동의 실태에 맞추어 응용 가능

대상	번호	제목	쪽	지도 영역				사회성 기술의 목표
				집단행동	자기조절	또래관계	의사소통	
유아·초등 저학년	1	목표 설정하기	50	◎	◎	◎	◎	동기부여/목표 설정
	2	인사하기	52	◎		○	○	인사
	3	보기	56	○	◎			주의 기울이기/주목하기(시각적)
	4	듣기	58	○	◎		○	주의 기울이기/주목하기(청각적)
	5	지는 것	60	○	◎			승패를 예상/분함을 표현
	6	반칙하는 것	62	○	◎			부주의, 충동적 행동 주의/자기조절
	7	발표하기	64	◎			◎	발표 기술(목소리의 크기/자세)
	8	이야기 듣기	68	◎	○		○	묻기 기술(조용히 하기/보기/바른 자세)
	9	말 걸기	70	○		○	◎	말 걸기(가까이 가기/보기/목소리 크기)
	10	물건 빌리기	74	◎	○		○	'빌려 줄래'라고 말하고 빌리기
	11	친구 만들기	76			◎	○	'같이 하자'라고 말하고 함께 놀기
초등 중학년	12	자기소개하기	78	◎		○	○	자기소개 방법을 알고 습득
	13	이름 기억하기	80			◎	○	이름과 얼굴을 기억하기/친구에 대한 의식
	14	이름 부르기, 대답하기	82	○		◎	○	친구의 이름을 부르기/대답하기
	15	좋은 말·나쁜 말 알기	84	◎	◎	◎	○	좋은 말 걸기/나쁜 말 제어
	16	친구와 함께 움직이기	88	○	○	◎	○	협력하기/친구와 함께 행동하기
	17	도움 주고받기	90			◎	○	친구에게 도움받기/친구 도와주기
	18	여러 가지 감정 조절하기	92		◎		○	감정언어 알기/늘리기
	19	함께 결정하기	96	○		◎	○	합의/의견 결정법/결정된 의견에 따르기
초등 고학년	20	사회성 기술 알기	100	◎	◎	◎	◎	동기부여/사회성 기술의 의의 알기
	21	알기 쉽게 전달하기	102			○	◎	알기 쉽게 전달/입장 알기/마음이론
	22	제안하기	106		○	○	◎	합의/자신의 의견을 제안하기
	23	잘 듣기	108		○	○	◎	합의/보기/기다리며 듣기/수긍하기, 눈 마주치기
	24	감정 맞히기	112	○	◎	◎	○	자신의 감정 인지(종류)/공감하기
	25	협력해서 완수하기	114	○	○	◎	◎	협력하기/또래와 완수하기
	26	나와 상대방의 공통점 찾기	116			◎	○	개성의 개념 이해/자신의 특성을 수용하기
	27	친구 알기	118			◎	○	친구의 특성 알기/친구 수용하기
	28	자기표현하기	120			◎	○	자기표현과 자기수용
중학생	29	문제 해결하기	122	◎	◎	◎	◎	문제해결 기술(문제 해결/해결법/결과 예측)
	30	의견 나누기	126	○	○	◎	◎	합의/이유 말하기/우선되는 의견
	31	상대방의 기분 되어 보기	130			◎	○	상대방을 배려/타인의 입장에 서 보기/마음이론
	32	상대방의 마음 읽기	132			◎	○	상대방의 생각 추측하기/마음이론
	33	공감하기	136		◎	◎	○	자신의 감정 인지(정도)/공감하기
	34	스트레스 대처하기	140		◎		○	스트레스의 개념을 알기/스트레스 대처법의 습득
	35	상식과 비상식 알기	146	◎	○	○		상식·비상식의 변별/유연한 사고
	36	대화 매너 익히기	148	○	○	◎	◎	대화 매너
	37	협력 기술 익히기	152			◎	◎	합의/협력하기/기획, 실행
	38	감사 표현하기	154			◎	◎	감정의 말 걸기/긍정적인 자기이해

◎ 최적　○ 적절

게임 번호	사회성 기술 지도에 사용되는 게임	학습지	게시물
		여러 가지 목표/나의 목표	
1	인사하기 가위바위보	뭐라고 말하는가?	인사의 포인트
2, 3, 4	변신 게임/원형 릴레이/플라잉 퀴즈		
5, 6	떨어졌다. 떨어졌다./선장의 명령		
7, 8	가위바위보 챔피언/쿵 가위바위보		
9	서킷 경쟁		
		발표	목소리의 크기/발표 방법
			이야기를 듣는 방법
10, 11	친구 만들기/명함 교환	친구 만들기	
12, 13	한 가지 색으로 그리는 그림/물건 빌리기 경쟁		
14	스탬프랠리 게임		
15, 16	짝 찾기/명함교환 빙고		
17, 18, 19	얼굴과 이름 맞추기/옆의 ○○씨/리듬 네임		
20, 21	협력 이름 패스/이름 플라잉 디스크		
22, 23	좋은 말 · 나쁜 말 구슬치기/협력 프리스비 볼링	좋은 말 · 나쁜 말/좋은 말 · 나 쁜 말 분별	
24, 25, 26	협력 보드 전달/협력 볼 운반/신문열차		
27, 28, 29	천사와 악마의 술래잡기/전지 인간/인명구조 신문열차		
		여러 가지 감정	표정 심벌/몸과 감정 함께 결정
30	다수결 배틀 가위바위보 편		
		사회성 기술이란?	
31, 32	레고 모양 전달/리모컨 술래잡기		레고 모양 전달
33	다양한 이용법		제안하기
34, 35	인터뷰 게임/타인 소개	상대방의 듣기방법 체크	질문의 포인트
36	감정 맞히기 퀴즈	감정 맞히기 퀴즈	
37, 38	협력 제스처 게임/협력 젠가		
39	공통점 찾기	공통점 · 차이점	
40, 41	WANTED!!이 사람을 찾습니다/또래 ○ × 퀴즈		
42	자기 포스터 콘테스트	자기 포스터	
		내가 어려워하는 것/문제 해결 　하기(학습지, 게시물)	
43	무인도 SOS	무인도 SOS	무인도 SOS규칙표
44	블라인드 워크		
45	추리! 거짓 진실 퀴즈	상대방의 생각 추리	
46	기분의 온도계 퀴즈	기분의 온도계 퀴즈	기분의 온도계
		스트레스 발견/스트레스 체크	스트레스의 개념/대처법
		상식 · 비상식	
		매너 위반 찾기/다과회 반성	
		중학생 프로듀서	
47	동시 감사 게임	감사 카드	

유아	초등학생(저)	초등학생(중)	초등학생(고)	중학생

No. 1

목표 설정하기

10분

사회성 기술 지도를 실시할 경우에 중요한 것은 하고자 하는 아동의 마음가짐입니다. 왜 지도 그룹에 참가하는지, 여기서 무엇을 배우는지 등 아동 스스로가 긍정적으로 이해하고, 부모 및 지도자와 그 목표를 공유할 때 사회성 기술 지도는 효과를 발휘합니다. 우선 부모와 함께 아동 자신의 목표를 생각하게 하고, 이후 지도로 연결시킵니다.

[목표]　• 개별 과제에 대해서 이해하고 목표를 결정하기

　　　　• 사회성 기술 지도에 대한 동기부여하기

[준비물]　학습지 〈여러 가지 목표〉/학습지 〈나의 목표〉

[지도상 유의점]　정서적 문제나 또래관계에서의 부적응이 심한 아동은 과제에 집중하기 어렵다. 이러한 경우에는 처음부터 사회성 기술 프로그램을 지도하는 것이 아니라, 집단 속에서 긍정적인 또래관계를 경험하고 친구와 사이좋게 지내고 싶다는 친화 동기를 높이는 것에서부터 시작한다. 초등학교 저학년의 경우에는 사전에 지도자와 부모가 의견을 나누면서 구체적인 목표를 몇 가지 준비하고, 학습지 〈여러 가지 목표〉에서 부모와 함께 목표를 선택하게 하는 것도 좋다.

학습지 〈여러 가지 목표〉

여러 가지 **목표**

월　　일 (이름:　　　　　　　)

아래의 목표에서 자신의 목표를 1~2개 찾아서 ○를 쳐 보세요.

• 모두와 사이좋게 논다.
• 지더라도 마지막까지 게임을 한다.
• 억울한 경우나 화난 경우에는 말로 선생님께 표현한다.
• 잘 모를 때에는 선생님께 묻는다.
• 집단 활동을 할 때에는 시끄럽게 하지 않는다.
• 이야기를 조용히 잘 듣는다.
• 바르게 질문을 한다.
• 친구를 장난 삼아 건드리지 않는다.
• 싸움하지 않는다.
• 순서를 지킨다.
• 발표를 잘 한다.
• 그 외

학습지 〈나의 목표〉(초등학교 저학년~중학년용)

나의 목표

월   일 (이름:)

집단 활동에서 '열심히 하고 싶은 것' '나의 목표'를 가족과 함께 정해 보아요.

나의 목표

나는 이 목표를 이루기 위해서 노력할 거예요.

열심히 할 거야.

본인 서명	보호자 서명

학습지 〈나의 목표〉(초등학교 고학년~중학생용)

나의 목표

월   일 (이름:)

집단 활동에서 '열심히 하고 싶은 것' '나의 목표'를 가족과 함께 의논하며 정해 봅시다.

나의 목표

나는 이 목표를 이루기 위해서 노력할 거예요.

열심히 할 거야.

본인 서명	보호자 서명

유아	초등학생(저)	초등학생(중)	초등학생(고)	중학생

No. **2**   **인사하기**   **30**분

   적절하게 인사하기 위한 방법을 배웁니다. 사람에 대한 관심이 적고 인사에 대해 인식이 없는 아동에게 효과적인 프로그램입니다. 보통 일상적으로 하는 인사의 포인트를 구체적으로 정리하고 제시하여 아동 스스로 의식하면서 대처하도록 합니다. 이 프로그램을 실시하는 것뿐만 아니라 일상생활 속에서 직접 연습해 보도록 하는 것이 효과적입니다.

[목표] • 인사의 포인트 알기

      • 바르게 인사하기

[게임] 인사하기 가위바위보

[준비물] 학습지 〈인사 점검표〉/게시물 〈인사의 포인트〉/게시물 〈목소리의 크기〉/학습지 〈뭐라고 말하는가?〉

[지도상 유의점] 초등학교 저학년 및 고기능자폐증 아동의 경우, 시각적인 수단을 제시하면서 일상적으로 인사를 하도록 촉구해 나간다. 또한 행동이 습득될 때까지 점검표를 작성하는데 이것은 매번 사용해도 좋다. 초등학교 고학년 아동의 경우에는 경어나 정중한 언어로 말하는 것, 그리고 시간, 장소, 상대에 따라 적절한 인사를 할 수 있도록 가르친다. PDD 아동은 사람의 시선을 두려워하는 경우가 있기 때문에 '눈을 보기'가 아니라 '상대의 턱' 또는 '상대의 입' 등에 주목하도록 하거나 배꼽을 상대에게 향하도록 촉구한다.

[관련 프로그램] → 말 걸기 → 이름 부르기, 대답하기

사회성 기술 지도에 사용되는 게임 1

인사하기 가위바위보	대상: 저◎ 중◎ 고○
	인원수: 4~10명 시간: 10분

목표 인사하기

방법 두 개의 팀으로 나누어 팀별로 한 줄로 선다. 각 팀의 출발점에서 한 사람씩 바닥의 선 위를 걸어간다. 서로가 마주치면 "짝."이라고 말하며 손바닥을 맞댄다. 그 후 "안녕하세요."라고 인사하며 가위바위보를 한다. 진 사람이 길을 비켜주면 이긴 사람은 앞으로 전진하고, 다음 사람이 출발점에서 걸어온다. 이를 반복하여 상대편의 진영까지 먼저 간 팀이 승리한다(평균대를 길로 사용해도 좋다). 아동이 위의 세 가지 포인트에 따라 인사하는가에 대하여 심판이 ○×로 판단한다. 부적절한 인사를 했을 경우에는 가위바위보를 하기 전에 지게 된다.

지도의 전개

도입: 오늘의 주제에 대해서 설명한다.

"○○가 안녕하세요라고 큰 목소리로 인사해 주었네요. 선생님은 그 인사를 듣고 매우 기분이 좋아졌어요. 그럼 오늘은 바른 인사법에 대해 공부해 볼까요."

기술의 교수: 인사의 세 가지 포인트를 제시하고 지도자가 모델링한다.

게시물 〈인사의 포인트〉를 준비하고 세 가지 포인트 '상대방을 본다' '적당한 크기의 목소리로' '머리 숙여 인사한다'를 가르친다. '적당한 크기의 목소리로'라는 포인트를 지도하기 위하여 게시물 〈목소리의 크기〉를 사용한다.

시연: 역할극으로 연습한다.

"여러분, 이 세 가지에 주의하면서 인사를 연습해 봅시다." 선생님에게서 ○를 받을 수 있을 때까지 성실하게 연습한다.

게임으로 실천: 인사하기 가위바위보로 인사 연습을 한다.

"그럼 게임을 연습해 봅시다. 바르게 인사할 수 있을까요? 세 가지 포인트를 지킬 수 있을까요?"

피드백: 게임 중 또는 종료 후에 아동의 행동을 평가한다.

게임의 승리보다는 인사의 세 가지 포인트를 잘 지키는지에 주목하도록 한다. 게임 중에 인사가 잘 되지 않는 아동에게는 다시 인사를 하게 한다.

일반화: 일상적으로 지도한다.

일상적으로 인사에 관해서 지도해 간다. 부모나 학생이 다니고 있는 학교의 모든 사람에게도 인사가 가능하도록 부모 및 담임교사와 연계지도를 한다. 일반화를 위해 학습지 〈뭐라고 말하는가?〉로 리허설을 해도 좋다.

학습지 〈인사 점검표〉

점검표 [인사를 하였는가?] … 스스로 하였다　ⓥ … 말한 후에 하였다　없음 … 하지 않았다						김수현 군	
	4/20	4/27	5/11	5/18	5/25	6/1	6/8
선생님		ⓥ					
친구		ⓥ		ⓥ			

게시물 〈인사의 포인트〉

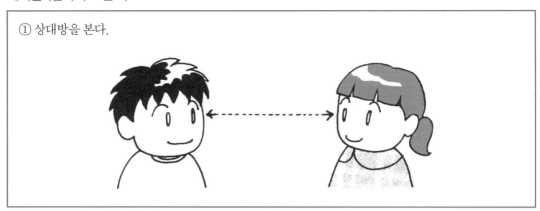

① 상대방을 본다.

게시물 〈목소리의 크기〉

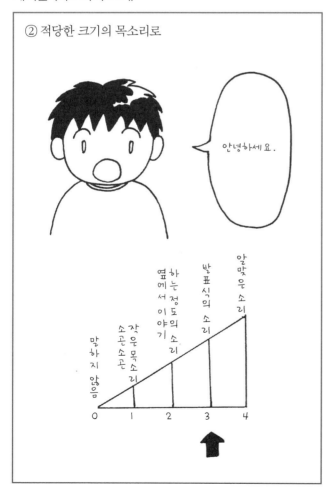

② 적당한 크기의 목소리로

안녕하세요.

말하지 않음 / 작은목소리 소곤소곤 / 옆에서 이야기하는 정도의 소리 / 발표식의 소리 / 알맞은 소리

0 1 2 3 4

③ 머리 숙여 인사한다.

학습지 〈뭐라고 말하는가?〉

유아	초등학생(저)	초등학생(중)	초등학생(고)	중학생

No. **3** <div align="center"># 보 기</div> **15**분

> '바른 자세로 본다'는 것은 수업이나 집단 활동에 필요한 기본적인 학습 태도 중 하나입니다. '상대
> 방에게 몸이나 얼굴을 향하게 한다'는 행동적 측면과 '주목한다/의식한다'는 인지적 측면의 두 가지
> 가 가능하도록 지도하는 것이 포인트입니다. 타인에 대한 인식이 낮은 아동이나 주의가 산만한 아동
> 에게 특히 필요한 기술입니다. 여기에서는 "잘 보세요!"라고 말하는 것뿐만 아니라, 몸으로 기억할 수
> 있도록 체험을 통해서 바른 자세로 보는 습관을 기릅니다.

[목표]   • 타인에게 몸이나 얼굴을 향하기

         • 타인의 모습, 행동에 적절하게 주목하기

[게임]   변신 게임/원형 릴레이/플라잉 퀴즈 등 순서에 관계되는 카드 게임

[준비물]   게임에 사용되는 것

[지도상 유의점]   아동의 능력 수준이나 연령에 맞추어 지도 측의 요구 수준을 바꾼다. 여기서 행하는 게
임은 지도의 워밍업에서 사용 가능하다.

[관련 프로그램]   ⇔ 듣기 → 이야기 듣기

지도의 전개

도입 및 기술의 교수: 게임 설명과 '상대 보기' 기술을 교수한다.

"수업 중이나 이야기를 들을 때에는 이야기를 하고 있는 사람을 보는 것이 중요하죠. 오늘은 보는 것
을 잘 할 수 있도록 '보기' 활동을 합니다." 변신 게임, 원형 릴레이, 플라잉 퀴즈 등의 게임 중 하나의
규칙을 설명한다. "이 게임을 잘 하는 포인트는 친구의 모습이나 행동을 주의해서 '잘 보기'입니다."
게시물을 이용하거나, 지도자의 모델링을 통해서 배워 나간다.

게임으로 실천: '상대를 잘 보기' 게임을 시행한다.

변신 게임, 원형 릴레이, 플라잉 퀴즈 등의 카드 게임을 하나 시행한다. 게임 중 어디를 봐야 하는지
구체적으로 말하고, 잘 보는 것으로 차이점이나 움직임을 알아차릴 수 있다면 평가한다.

피드백과 일반화: 게임 중과 일상생활에서 아동의 행동을 평가한다.

수업 중, 그때마다 이야기하고 있는 사람을 보도록 촉진하고, 잘 보게 되면 평가한다. 반 전체의 약속
으로서 칠판에 게시해 두는 것도 좋다.
초등학교 중학년 이후가 되면 "지금 누가 말하고 있는가?" "어디를 보고 있나?"라고 스스로 어디에 주
목하면 좋은지 알게 한다.

사회성 기술 지도에 사용되는 게임 2

변신 게임	대상: 유◎　저◎　중◎　고○
	인원수: 6~10명　시간: 10분

[특징] 상대를 잘 보기/변화에의 반응/시각적 기억

[방법] 몇 개의 팀으로 나눈다. 팀별로 다른 팀에게 보이지 않는 장소에서 변신한다. 보고 있는 팀은 변신 전과 변신 후의 모습을 비교해서 어디가 다른지를 맞춘다.

변신의 예: 모자를 쓰거나 시계를 찬다, 신발을 반대로 신는다, 명찰을 바꾼다 등

사회성 기술 지도에 사용되는 게임 3

원형 릴레이	대상: 유◎　저◎　중◎　고◎　중학◎
	인원수: 4~10명　시간: 5~10분

[특징] 상대를 잘 보기/움직임 맞추기/신체이미지를 높이기/즐기기

[방법] 모두 원을 만든다. 한 명의 리더를 결정하고 옆에 있는 사람이 리더의 움직임을 순서대로 흉내 낸다. 계속 흉내 내어 리더에게 다시 돌아오면 끝난다. 움직임을 복잡하게 하거나 움직임이 한 번 돌아오는 시간을 재어, 기록을 갱신하면 즐겁다.

움직임의 예: 박수, 돌기, 샴푸, 손잡기, 원숭이 흉내, 모두가 손을 잡고 훌라후프를 돌리기 등

사회성 기술 지도에 사용되는 게임 4

플라잉 퀴즈	대상: 유◎　저◎　중◎　고◎　중학◎
	인원수: 2~20명　시간: 10~30분

[특징] 잘 보기/주의 집중/시각 운동

[방법] 칸막이 2개를 준비하고 처음과 끝이 보이지 않도록 감추면서 공, 모자 등을 반대편으로 던진다. 아동은 날아가는 것만 보고 그것이 무엇인지 맞춘다. 예고 없이 던지므로 집중하도록 촉구한다.

유아	초등학생(저)	초등학생(중)	초등학생(고)	중학생

No. **4**

듣기

5~15분

이야기하고 있는 사람에게 주의를 기울이고 제대로 듣는 것은 수업이나 집단 활동에 필요한 기본적인 학습 태도 중 하나입니다. PDD 등의 아동은 사람의 기분을 생각하거나 중요한 것에 초점을 맞추어 듣는 것을 어려워하기도 합니다. 또한 ADHD 아동은 주의가 산만하고 집중 지속 시간도 짧기 때문에 제대로 듣지 못하는 경우가 있습니다. 여기서는 게임을 통해서 즐기면서 이야기 듣는 연습을 하도록 합니다. 그리고 선생님의 이야기나 친구의 발표 등을 제대로 듣는 습관을 기르도록 합니다.

[목표]   • 이야기를 하고 있는 사람에게 주의 기울이기

   • 이야기 내용 청취하기

[게임]   떨어졌다. 떨어졌다./선장의 명령

[지도상 유의점]   처음에는 내용을 청취하는 것보다 말하는 사람에게 주목하는 연습부터 시작하는 것이 좋다. 지도자가 목소리의 크기나 이야기의 템포를 바꾸는 것은 '듣기'의 좋은 연습이 된다. 또한 게임 시 처음에는 이야기를 시작하기 전에 "시작한다." "잘 들어."와 같이 주의를 기울이게 하는 것도 좋지만, 적응이 되면 조용한 목소리로 말하거나 예고 없이 말하는 등의 활동으로 항상 주의해서 듣도록 촉구해 나간다.

[관련 프로그램]   ⇔ 보기 → 반칙하는 것 → 이야기 듣기

지도의 전개

도입 및 기술의 교수: 게임 설명과 '이야기 듣기' 기술을 교수한다.

"선생님이나 친구의 이야기를 잘 듣는 것은 매우 중요합니다. 오늘은 사람의 이야기를 잘 듣도록 '듣기' 활동을 합니다. 제대로 듣고 있으면 성공 가능한 게임이기 때문에 잘 듣도록 합니다." 아동에게 확실히 듣도록 촉구한다.

게임으로 실천, 피드백: 듣기에 관계되는 게임을 연습한다.

'떨어졌다. 떨어졌다.' '선장의 명령' 게임 중 한 가지를 시행한다.

게임 종료 후 아동이 제대로 듣고 있었다는 것을 긍정적으로 평가한다. "모두 선생님을 향해 집중하여 듣고 있는 것을 잘 알았습니다." 등과 같이 구체적으로 피드백한다.

일반화: '제대로 듣기' 습관을 기른다.

일상의 지도로 "다음에 퀴즈를 낼 테니 잘 들어 보도록 해요." "마지막까지 잘 듣고 질문을 합니다."라고 끝까지 듣도록 촉구한다. 제대로 듣고 있는 아동은 모두의 앞에서 평가하고 적절한 모델로 주목시킨다.

사회성 기술 지도에 사용되는 게임 5

떨어졌다. 떨어졌다.	대상: 유◎ 저◎ 중○
	인원수: 2~10명 시간: 5~10분

목표 지도자의 지시 잘 듣기

방법 처음에 4개의 단어에 관해서 결정된 제스처를 아동에게 설명한다(주먹 → 머리를 감춘다, 사과 → 손을 앞으로 내민다, 번개 → 배꼽을 감춘다, 과자 → 위를 보고 입을 벌린다). 게임은 지도자가 처음에 "떨어졌다. 떨어졌다."로 시작하고 아동들이 "무엇이 떨어졌어?"라고 모두 반응(대답)한다.
다음으로 지도자는 다시 한 번 놓아둔 말 중에서 하나를 선택해서 말하고 아동은 거기에 알맞은 제스처를 한다. 익숙해질 때 제스처를 늘려 나가면, 연령이 높아도 즐길 수 있다.

사회성 기술 지도에 사용되는 게임 6

선장의 명령	대상: 유◎ 저◎ 중◎ 고○ 중학○
	인원수: 2~8명 시간: 10분

목표 주의 깊게 듣기/자기조절하기/신체감각 향상하기

방법 '선장' 이외에 비슷한 말로 시작하는 말을 몇 가지 준비한다(촌장, 점장 등). 아동은 '선장의 명령입니다'로 시작하는 명령에만 따르고 선장 이외의 명령에는 따르지 않도록 한다. 명령의 내용은 "일어서 주세요." "오른손을 들어 주세요." 등 간단한 것이 좋다.
응용으로는 초등학교 고학년 이후에는 '선장의 명령입니다'가 아닌 단순히 '명령'이라고 하는 명령의 신호를 해도 좋다. 또한 거짓 선장도 설정하고, 따라해서는 안 되는 명령을 내리는 것도 좋다.

유아	초등학생(저)	초등학생(중)	초등학생(고)	중학생

지는 것

No. **5**   **15**분

> 　　유아나 초등학교 저학년 아동 중에는 게임 중 자신의 생각대로 되지 않거나 졌을 때 패닉 상태가 되는 경우가 종종 있습니다. 이 경우 아동은 승패에 집착한 나머지 또래와 재미있게 놀 수 없게 됩니다. 따라서 승패가 있는 게임의 반복을 통해서 이길 때도 있고 질 때도 있다는 것을 예측하거나, 패닉 상태에 이르지 않고 말로써 억울함을 표현하는 방법을 배워 지는 것에 대한 내성을 키워 나갑니다.

[목표]　• 승패 예측하기

　　　　　• 억울함을 말로 표현하기

[게임]　가위바위보 챔피언/쿵 가위바위보/카드 게임(트럼프 게임, 우노 게임 등)/그 외에 승패가 있는 운동 게임(풍선 배구, 터치 볼, 구슬 넣기 등)

[준비물]　게시물 〈표정 심벌〉(p. 95)/시트 〈반성〉(자료 2)

[지도상 유의점]　게임에서 진 아이에 대해서 지도자는 "져서 억울하겠구나." 등 아동의 마음을 언어화한다. 기분이 고조되었을 때 바로 기분을 반영해 주면, 아동이 자신의 기분을 자각하고 조절할 수 있게 된다. 처음에는 승패의 부담이 낮은 게임부터 시작하는 것이 좋을 것이다(진 사람이 이긴 것으로 한다, '지는 것이 이기는 가위바위보' 등을 처음에 도입하는 것도 좋다). 패닉 상태로 게임에 참가하지 못하게 되는 경우에는 타임아웃을 활용한다.

[관련 프로그램]　→ 여러 가지 감정 조절하기

지도의 전개

도입: 오늘의 게임에 관한 설명을 한다.

"오늘은 게임을 합니다. 게임에서 모두가 이기거나 지겠지요. 지면 억울하겠지만 마지막까지 모두 재미있게 게임을 합시다." 학습지 〈여러 가지 감정〉을 이용해서 졌을 때 어떤 기분인지, 아동에게 예측해 보도록 하는 것도 좋다. 그때에는 '억울함' '화남'뿐만 아니라 져도 모두 함께 놀아서 '재미있다'라는 기분이 될 수도 있다는 것을 교수하도록 한다.

게임으로 실천 : 가위바위보 챔피언을 시행한다.

게임을 설명을 하고 시작한다. 아동이 이기거나 져서 기분이 고조되어 있을 때에 지도자는 재빠르게 "잘 했네." "져서 억울하겠구나." "초조하겠구나." 등 공감적으로 말을 건다.

피드백: 학습지로 기분을 되돌아본다.

게임 수료 후에 져도 울거나 화내지 않고 언어로 표현한 것, 마지막까지 재미있게 참가한 것을 평가한다. 〈반성〉 시트를 배부하고 기입하면서 한 사람 한 사람 어떠한 기분이었는지 되돌아본다.

사회성 기술 지도에 사용되는 게임 7

가위바위보 챔피언	대상: 유◎　저◎　중〇
	인원수: 3~10명　　시간: 5분
🔲 **특징**　승패를 반복 경험하기	

🔲 **방법**　전원 가위바위보를 한 후 제일 강한 챔피언을 정하여 표창한다. 한 번만이 아니라 매회의 지도에서 결정해 적용하면 좋다. 일대일 토너먼트로 이기는 방식(앞에 있는 선생님을 이긴 사람만 남는다), 많은 쪽이 이기는 방식(같은 손을 낸 사람이 많은 쪽이 남는다), 몸을 사용한 가위바위보, 지는 것이 이기는 가위바위보 등을 구상한다. 유아나 초등학교 저학년의 경우, 가위바위보를 잘 만들지 못하거나, 내미는 타이밍을 놓치는 경우가 있다. 그때에는 손의 모양이 그려져 있는 카드를 사용하는 것도 좋다. 또한 가위바위보의 원리를 이해하지 못하는 아동에게는 바위(돌), 가위(가위), 보(종이)라고 그려진 카드를 준비하고 이해 시킨다.

사회성 기술 지도에 사용되는 게임 8

쿵 가위바위보	대상: 유◎　저◎　중◎　고〇
	인원수: 3~10명　　시간: 10분
🔲 **특징**　승패를 반복 경험하기	

🔲 **방법**　두 개의 팀으로 나누고 팀 별로 한 줄로 선다. 출발 신호에 각 팀 한 사람씩 바닥의 선 위를 걸어 나간다. 서로가 마주치면 "쿵."이라고 말하고 양손을 합친다.

그 후 가위바위보를 한다. 이긴 사람은 앞으로 나가고, 진 사람은 비켜 주어 다음 사람이 출발선에서 걸어 나오게 한다. 이를 반복하여 상대의 진영까지 들어간 팀이 승리한다(코스를 평균대로 해도 좋다).

유아	초등학생(저)	초등학생(중)	초등학생(고)	중학생

No. 6

반칙하는 것

20분

> 충동적인 행동은 ADHD 아동에만 국한되지 않고 경도 발달장애 아동에게도 자주 나타납니다. 충동성을 조절하기 위해서는 아동 자신이 어떤 경우에 충동적인 행동을 하는지를 알 필요가 있습니다. 그러나 주위에서 충동적인 행동에 대해 매우 민감하게 지적하면 아동이 자신감을 잃어버리는 경우도 많아 지도가 어려운 분야 중 하나입니다. 여기에서는 구체적인 행동을 통하여, 아동이 '플라잉'이라고 하는 개념을 몸에 익혀 일상생활의 다양한 장소에서 의식적으로 자신을 조절 가능하도록 하는 것에 목표를 두고 있습니다.

[목표] • 플라잉에 대한 개념 알기

ㅤㅤㅤㅤ• 충동적인 행동을 조절하기

[게임] 서킷 경쟁/카르타야 193(일구상) 등 손놀림이 있는 카드 게임

[준비물] 카드에 사용되는 것

[지도상 유의점] '플라잉'이라고 하는 말을 잘 이해하지 못하는 아동이 있기 때문에 우선은 달리기 선에서의 플라잉 등 심플하고 구체적인 예를 들어서 설명을 한다. 특히 초등학교 저학년의 경우 눈에 보이는 행동(선을 넘는다, 틀에서 벗어났다 등)에서 자신의 행동을 의식하는 것이 중요하다. 충동성이 높은 아동에게는 플라잉에 주의할 수 있도록 즉시 피드백을 한다.

[관련 프로그램] ← 보기 ← 듣기 → 이름 부르기, 대답하기

지도의 전개

> **도입: '플라잉'에 대해 설명한다.**
>
> "준비, 시작!을 할 때, '시작!' 전에 스타트를 해 버리는 것을 '플라잉'이라고 합니다. 오늘은 플라잉에 주의해서 게임을 합니다."

> **기술의 교수: '플라잉' 모델을 보이면서 교수한다.**
>
> 달리기 등을 예로 플라잉 장면을 선생님이 모델로 제시하고 '플라잉'의 의미를 알린다.

> **게임으로 실천: 서킷 경쟁으로 연습한다.**
>
> 규칙을 설명하고, '서킷 경쟁'을 시행한다. 플라잉을 하면 출발점까지 되돌아와서 다시 한다. 그때에 비난하는 분위기가 되지 않도록 주의한다.

> **피드백: 게임 중, 종료 후 아동의 행동을 평가한다.**
>
> 플라잉을 하지 않는 아동이 있다면 그때마다 지도자가 긍정적인 평가를 한다. 또한 게임 종료 후에는 승패보다는 플라잉의 횟수가 적었던 것에 대해 특별히 이야기를 하고 평가한다.

> **일반화: 이후의 지도 · 가정에서의 연계지도로 연결해 나간다.**
>
> 일상적으로 지도자가 아동에게 질문을 하는 경우에 선생의 말이 끝나기도 전에 불쑥 대답해 버리거나 행동하는 것도 '플라잉'이라고 하는 등, '플라잉'의 정의를 넓혀서 충동성의 조절을 지도한다. 또한 집이나 학교에서도 충동적인 행위에 대해서 화를 내기보다, '플라잉'을 키워드로 그때마다 말을 걸어 달라고 한다.

사회성 기술 지도에 사용되는 게임 9

서킷 경쟁	대상: 유◎ 저◎ 중◎ 고○
	인원수: 4~8명 시간: 10분

특징 충동성의 조절/매우 거친 운동하기/즐거움 알기

규칙 유리 테이프로 만든 코스 위에 몇 개의 종목을 설치하고 릴레이를 한다. 바통을 전달하는 형식이 아니라, 앞의 아동이 골인하면 다음 아동이 출발하는 형식을 취한다. 종목은 무엇이든지 괜찮지만 신문지를 잘라서 만든 원을 빠져나오는 등 신중을 기해야 할 필요가 있는 코스는 자기조절 능력을 향상시키는 데 효과적이다.

유아	초등학생(저)	초등학생(중)	초등학생(고)	중학생

No. **7**   **발표하기**   **10~20분**

> 많은 사람 앞에서 발표를 할 때의 기술을 배웁니다. 발표하는 기술은 목소리의 크기나 자세, 언어로 표현하는 등 다양한 기술을 필요로 합니다. LD 아동은 언어로 표현하는 것, ADHD 아동은 자세의 유지나 정리해서 말하기, PDD 아동은 목소리의 크기나 말할 타이밍 등에서 다양한 어려움을 보입니다. 발표하기는 교실에서 자주 필요로 하는 기초적인 기술의 한 가지로 저학년 시기에 몸에 익힐 수 있도록 합시다.

[목표]   • 적절한 목소리의 크기 배우기

         • 발표를 할 때의 자세 배우기

         • 정리한 후 이야기하기

[준비물]   게시물 〈목소리의 크기〉/게시물 〈발표 방법〉/발자국 시트 또는 비닐 테이프 등(발표자의 서는 위치를 표시한다)/학습지 〈발표〉

[지도상 유의점]   저학년의 경우 특히 연간 계획에 넣어서 지속적으로 시행하고, 정착화를 목표로 하는 것이 바람직하다. 예를 들면, 아침 조회에서 발표 시간을 갖는 것 등이다. 게시물 〈발표 방법〉은 처음에는 발표 중 계속 게시해 놓지만 점차 '처음에만 확인하도록 한다, 구두로 확인하는 것으로 한다' 등으로 제한을 두어 단서를 줄여 나가면 좋다. 언어 표현에 어려움을 보이거나 긴장을 심하게 하는 아동의 경우에는 발표 내용을 미리 학습지에 기입하고 준비를 잘 하면 저항감을 적게 가지고 발표를 할 수 있게 된다. 학습지에 기입하는 것을 숙제로 내 주어도 좋다. 또한 발표의 테마는 '좋아하는 음식·싫어하는 음식' '좋아하는 공부·싫어하는 공부' '권하고 싶은 과자나 TV 프로그램' '여름의 추억' '최근 있었던 일' '친밀한 뉴스' '가족' '자신의 보물' 등 연령이나 흥미, 관심에 맞추어 설정한다.

[관련 프로그램]   → 이야기 듣기 → 알기 쉽게 전달하기

☆유아나 초등학교 저학년 아동에게는 서는 위치를 명시하면 좋다☆

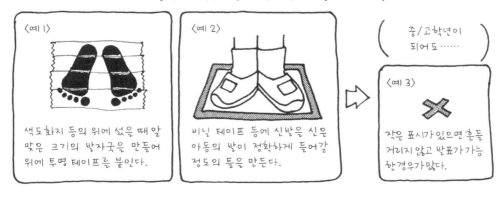

〈예 1〉 색도화지 등의 위에 섰을 때 알맞은 크기의 발자국을 만들어 위에 투명 테이프를 붙인다.

〈예 2〉 비닐 테이프 등에 신발을 신은 아동의 발이 정확하게 들어갈 정도의 틀을 만든다.

중/고학년이 되어도……

〈예 3〉 작은 표시가 있으면 흔들거리지 않고 발표가 가능한 경우가 많다.

지도의 전개

도입: 오늘의 테마에 대해 설명한다.

"오늘부터 조례 시간에 모두가 차례대로 발표를 하도록 하겠습니다. 처음에는 A선생님과 B선생님이 하겠으니, 여러분은 어느 쪽이 잘하는지 생각하면서 봐 주시기 바랍니다."

시연: 적절한 발표 · 부적절한 발표를 제시한다.

우선 부적절한 예를 든다. A선생: "제가 좋아하는 음식은 딸기입니다. 왜 좋아하는지……." (작은 목소리로 아래를 보고 흔들거리며 말한다)

다음은 적절한 예를 든다. B선생: "제가 좋아하는 음식은 크로켓입니다. 바삭하고……."(큰 목소리로 앞을 똑바로 보고 서서 말한다) 이처럼 아동이 B선생님이 잘했다고 느끼도록 연기한다.

기술의 교수: 발표의 포인트를 명확히 가르친다.

"A선생님과 B선생님의 어느 쪽이 발표를 잘했나요?" "A선생님의 발표는 어떤 점이 좋았나요?" 아동의 의견을 수렴하면서 '바른 자세로' '큰 목소리로' '알기 쉽게' 발표하도록 게시물을 이용해서 설명한다. 아동의 의견이 나오지 않을 경우에는 한 번 더 A선생님과 B선생님의 시연을 보여 주어도 좋다.

실천과 피드백: 실제로 발표를 하게 하고 종료 후에 아동의 행동을 평가한다.

"그럼 여러분도 차례대로 발표를 해 보도록 합시다." '좋아하는 음식 · 싫어하는 음식' 등의 주제로 한 사람씩 간단하게 발표를 해 보도록 한다. 알기 쉽게 발표하기 위해서 사전에 학습지 〈발표〉에 정리해 두는 것도 좋다. 발표 후에는 목표의 세 가지 점에 대해서 피드백을 한다. 유아나 저학년의 경우는 전원이 발표하면 시간이 걸려 집중력이 떨어지기 때문에 발표자의 수를 조절한다.

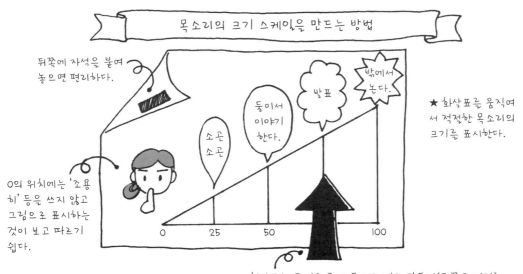

목소리의 크기 스케일을 만드는 방법

뒤쪽에 자석을 붙여 놓으면 편리하다.

★ 화살표를 움직여서 적절한 목소리의 크기를 표시한다.

밖에서 논다.

발표

둘이서 이야기한다.

소곤소곤

0의 위치에는 '조용히' 등을 쓰지 않고 그림으로 표시하는 것이 보고 따르기 쉽다.

0   25   50   100

화살표는 두꺼운 종이 등으로 따로 만든다(뒤쪽은 자석).

게시물 〈발표 방법〉

학습지 〈발표〉

발표 메모	이름	

내가 좋아하는 음식은,

왜냐하면,

1분 발표(스피치)	이름	

누가?

누구와?

언제?

어디서?

무엇을 했나?

어떻게 생각했는가?

유아	초등학생(저)	초등학생(중)	초등학생(고)	중학생

No. **8**   **이야기 듣기**   **10**분

> '조용히 한다' '이야기하고 있는 사람을 본다' '바른 자세로 듣는다'와 같이 집단 속에서 이야기를 들을 때의 포인트를 구체적으로 제시하고, 이야기를 듣는 방법에 대해서 지도해 나갑니다. 이 기술은 취학 전이나 초등학교 저학년 때에 습득해야 하는 기본적인 학습 태도의 한 가지입니다. 기회가 있을 때마다 이야기를 듣는 포인트를 제시하고 집단행동의 기초를 몸에 익혀 가는 것이 중요합니다.

[목표] • 이야기를 들을 때의 포인트 알기

　　　　 (이야기하고 있는 사람 보기, 조용히 하기, 바른 자세로 듣기)

[준비물] 게시물 〈이야기를 듣는 방법〉/게시물 목소리의 크기 스케일을 만드는 방법(p. 65)

[지도상 유의점] 그림을 이용한 게시물 〈이야기를 듣는 방법〉으로 한 눈에 알 수 있도록 한다. 운동상에 어려움이 있는 아동은 바른 자세를 취하는 것이나 유지하는 것이 어렵기 때문에 개별 아동의 발달수준에 맞추어 지도자는 요구수준을 조절한다.

[관련 프로그램] ← 듣기 ← 보기 ← 발표하기

게시물 〈이야기를 듣는 방법〉

```
            듣는 자세
  ① 이야기를 하고 있는 사람 보기
  ② 조용히 하기
     • 말을 하지 않는다.
     • 흔들거리지 않는다.
  ③ 바른 자세
     • 허리는 곧게 편다.
     • 손은 무릎에 올린다.
     • 발은 바닥에 붙인다.
```

지도의 전개

도입: 오늘의 테마에 대해서 설명한다.

"오늘은 교실에서 이야기를 잘 듣는 방법을 공부합니다. 학교에서 선생님의 이야기를 듣지 않으면 곤란해집니다. 이야기를 듣는 것은 매우 중요한 것이지요. 그리고 사람의 이야기를 잘 들으면 상대방도 기쁘게 생각합니다. 그럼 어떠한 점에 주의하면 좋을까요?"

기술의 교수: 이야기를 들을 때의 포인트를 제시한다.

"이야기를 들을 때의 포인트는 세 가지(제시하는 포인트에 따라)가 있습니다. 그것은 '조용히 하기' '이야기하고 있는 사람 보기' '바른 자세'입니다." 게시물 〈이야기를 듣는 방법〉을 칠판에 붙이고 설명을 한다.

시연: 부적절한 모델과 적절한 모델을 제시한다.

"선생님이 이야기 듣는 방법을 보여 줄 테니 잘 보도록 하세요."
장면①: '조용히 하기'가 되지 않는 부적절한 모델을 제시
장면②: 조용히는 하지만 '이야기하고 있는 사람 보기'가 되지 않는 부적절한 모델을 제시
장면③: 조용히 하고 상대방을 보고 있지만 '바른 자세'가 되지 않는 부적절한 모델을 제시
각각의 장면에서 무엇이 부적절했는지 아동에게 물어 본다.
"어느 것 하나만이 아니라 세 가지 모두 포인트가 되지 않으면 좋아 보이지 않네요. 마지막으로 알맞은 이야기 듣기 방법을 보도록 합시다." 적절한 모델을 제시한다.

리허설과 피드백: 아동에게도 모델을 체험하도록 한다.

"그 장소에서 모두에게 바른 듣기 방법을 해 보도록 합시다."
아동의 발표나 선생님이 하는 게임 설명 등의 경우에도 아동에게 세 가지 포인트를 지켜 가면서 듣도록 촉구한다. 직접적으로 아동의 몸을 이용해 세 가지 포인트를 지적하거나 움직여서 구체적으로 (신체적으로) 지도한다. 성공 시에는 즉시 긍정적인 평가를 한다.
　조용히 하기: '입을 다문다' '의자나 책상을 흔들거리지 않는다'
　이야기하고 있는 사람 보기: '그 사람에게 배꼽을 향한다' '그 사람의 얼굴을 본다'
　바른 자세: '발은 바닥에 붙인다' '허리를 편다' '손은 무릎 위에 둔다'

일반화: 이후의 지도로 이어 간다.

게시물을 이용하면서 일상의 활동 속에서도 지속적으로 지도해 나간다.

유아	초등학생(저)	초등학생(중)	초등학생(고)	중학생

No. **9** **20**분

말 걸기

> 친구 만들기, 명함 교환이라는 게임을 시행합니다. 게임을 하기 전에 '가까이 가기' '보기' '적당한 크기의 목소리'라는 것을 구체적으로 지시하면서 사람에게 말을 걸 때의 기술을 가르칩니다. 이 기술은 '자기소개'나 '거절하고 빌리기' 등의 기술의 전제가 됩니다.

[목표]
- 말을 걸 때에 상대에게 가까이 가기
- 상대방을 보기
- 적당한 크기의 목소리로 말 걸기

[게임] 친구 만들기/명함 교환

[준비물] 게시물〈인사의 포인트〉(p. 54)/게시물〈목소리의 크기〉(p. 54)/학습지〈친구 만들기〉/명함

[지도상 유의점] 사람과의 거리감을 잘 알지 못하는 아동에게는 가까이 가서 말을 걸기에 적당한 거리를 구체적으로 알려 준다(예: 한 손을 내밀어 부딪히지 않을 거리, 50cm 등). 게시물〈목소리의 크기〉를 사용해 한 유형을 예시로 들면서 상황에 따른 목소리의 크기가 있음을 가르친다. 초등학교 중학년의 경우는 '상대의 이야기가 끝나면 말을 건다'는 것처럼, 말을 걸 때의 타이밍을 가르치는 것도 좋다.

[관련 프로그램] ← 인사하기 → 자기소개하기 → 물건 빌리기

사회성 기술 지도에 사용되는 게임 10

친구 만들기	대상: 유○ 저◎ 중◎ 고○ 인원수: 3명 이상 시간: 10분
목표 상대에게 가까이 가기/얼굴 보기/적당한 크기의 목소리	

방법 교실 안을 자유롭게 다니면서 만나는 사람에게 말을 걸며 서로의 학습지에 사인을 하거나 자기얼굴을 그린다. 전원의 사인을 모으면 종료된다. 응용으로, 만난 사람과 가위바위보를 해서 진 사람이 사인을 하는 등의 조건을 걸어도 좋다. 쓰기장애 아동이나 유아의 경우는 이름을 쓰는 대신 미리 이름 스티커를 준비해서 붙일 수 있도록 한다.

지도의 전개

도입: 오늘의 테마에 대해서 설명한다.

"자기가 하는 말을 상대방이 잘 들어 주길 바라죠. 누군가에게 말을 걸 때, 상대가 잘 들어 줄 수 있도록 하기 위해서는 어떻게 하면 좋을까요? 오늘은 적절한 말 걸기 방법을 공부해 보도록 하겠습니다."

기술의 교수: 말을 걸 때의 포인트를 제시한다.

"말을 걸 때의 세 가지 포인트는 '가까이 가기' '보기' '적당한 크기의 목소리'입니다."
- 인사의 포인트 게시물을 칠판에 붙인다. (p. 54의 게시물 참조)

시연: 적절한 모델과 부적절한 모델을 제시한다.

"세 가지 포인트로 수행하지 못하면 어떻게 될까요? 선생님을 봐 주세요."
포인트대로 수행하지 못하는 부적절한 모델을 제시한다.
장면①: '가까이 가기'가 되지 않는 부적절한 모델
장면②: 가까이는 갔지만 '보기'가 되지 않는 부적절한 모델
장면③: 가까이 가고 상대를 보고 있지만 '적당한 크기의 목소리'가 되지 않는 부적절한 모델
각각의 장면에서 아동의 의견을 듣는다.
"세 가지 전부 수행하지 못하면 상대방에게 이야기가 전해지지 않습니다. 마지막으로 적절한 말을 거는 방법을 보도록 합시다."
세 가지의 포인트를 모두 수행한 적절한 모델을 보인다.

역할놀이와 게임으로 실천: '친구 만들기' 게임을 시행한다.

"그럼 지금부터 '친구 만들기'라고 하는 게임을 합시다. 반 친구의 사인을 모으는 게임입니다. 사인을 부탁할 때, 그 사람에게 말을 걸어 '여기에 사인을 해 주시기 바랍니다'라고 말합니다. 우선은 말을 거는 방법의 포인트를 생각하면서 말을 거는 연습을 해 봅시다."
한 사람씩 말을 거는 역할 연기를 하고 수행 가능한 부분을 평가한다.
학습지 〈친구 만들기〉를 배부하고 게임을 실시한다. 게임 중 즐거운 분위기를 방해하지 않도록 주의하며 세 가지 포인트에 대해서 아동에게 촉구하거나 피드백을 한다.

일반화: 이후의 지도로 연결해 나간다.

자기소개하기, 양해를 구한 후 빌리기, 친구 만들기 등 다양한 기술의 기초가 되기 때문에 필요할 때마다 사전에 교수해 나가면 좋다. 또한 일상생활에서 기회를 보면서 신중하게 촉구하거나 피드백을 한다.

학습지 〈친구 만들기〉

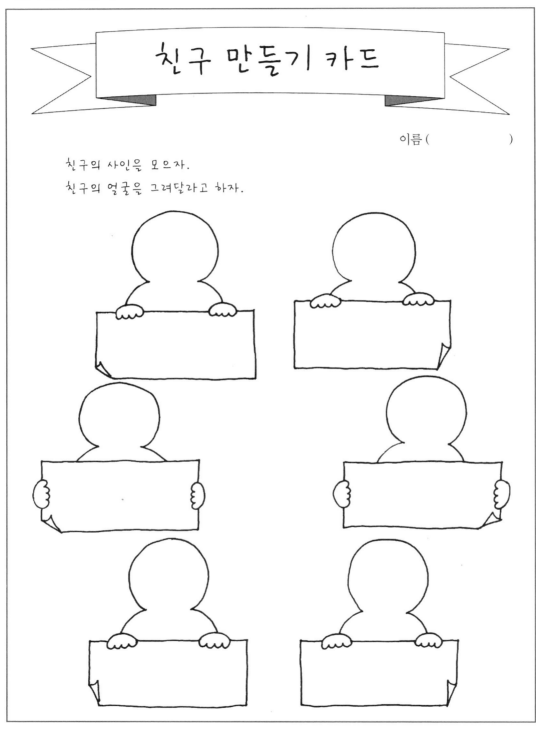

사회성 기술 지도에 사용되는 게임 11

명함 교환	대상: 유◎ 저◎ 중○ 고△ 중학△
	인원수: 3명 이상 시간: 10분

목표 상대에게 가까이 가기/얼굴 보기/적당한 크기의 목소리

방법 교실 안을 자유롭게 다니면서, 만나는 사람에게 말을 걸어 서로 명함을 교환하고 인사를 한다. 얼굴 사진을 붙여서 명함을 만들어도 좋다. '명함교환 빙고' (p. 79) 형식으로 해도 좋다.

명함

이름 얼굴	이름 얼굴
김수지	
이름 얼굴	이름 얼굴
이름 얼굴	이름 얼굴

유아	초등학생(저)	초등학생(중)	초등학생(고)	중학생

No. **10** · **물건 빌리기** · **30분**

학교에서 지우개나 연필, 가위 등 문구를 빌려 주고 빌리는 것은 아동 간에 자주 일어나는 일입니다. 다만 대인관계의 어려움이 있는 아동은 양해를 구하지 않고 물건을 빌려 주어 빼앗겼다, 마음대로 사용했다 등 비난 받는 문제를 많이 보입니다. 학급에서의 인간관계를 원만하게 하고, 서로 도움을 주고받는 호의적인 관계를 구축해 나가기 위해서는 '양해를 구한 다음 빌리기'가 중요합니다. 여기에서는 게임을 통해서 지도해 나가지만, 일상생활에서 반복적으로 사용해 습득하도록 하는 것이 좋습니다.

[목표] • '빌려 줄래'라고 말하기
  • 상대방의 승낙받기
  • 빌리면 '고마워'라고 말하기

[게임] 한 가지 색으로 그리는 그림/물건 빌리기 경쟁

[준비물] 게시물 〈빌릴 때〉

[지도상 유의점] 응용으로는 빌릴 때의 어휘 변화('끝나면 빌려 줘' 등)를 늘려 나간다. 또한 거절당했을 때의 행동도 지도해 가면 좋다.

[관련 프로그램] ← 말 걸기 ← 반칙하는 것 → 도움 주고받기

사회성 기술 지도에 사용되는 게임 12

한 가지 색으로 그리는 그림	대상: 유◎ 저◎ 중◎ 고○
	인원수: 4~8명 시간: 15분

[목표] 양해를 구한 후 빌리기/승낙받기/고마워라고 말하기

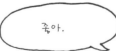

[진행] 그림 그릴 수 있는 종이를 사람 수만큼 준비한다. 한 사람에 하나씩 각각 다른 색의 색연필(크레파스)을 나누어 준다. 색연필을 서로 빌리고 빌려 주면서 각자의 그림을 완성한다. 응용으로, 그룹으로 공작을 할 때에 매직, 가위, 풀, 테이프 등을 사람 수보다 적게 준비해서 사용하고 싶을 때에는 '빌려 줄래'라고 말할 수 있도록 한다.

지도의 전개

> **시연: '물건을 가지고 오지 않아 곤란해하는 장면'을 제시한다.**
> "모두 가끔씩 연필을 가지고 오지 않아 노트에 필기를 못하는 경우가 있죠? 그런 경우에는 어떻게 하나요?"
> "모두 지금부터 A선생님의 모습을 보게 될 것입니다. 연필을 가지고 오지 않아서 노트에 필기를 하지 못해 어려워하는 모습입니다." 물건을 가지고 오지 못했을 때 ① 어려워하지만 말하지 않는다, ② 승낙을 얻지 못한다, ③ 빌렸지만 '고마워'라고 말하지 못한다 각각에 대해서 장면을 제시한다. 각각 무엇이 잘못되었는지, 어떻게 하면 좋은지 아동에게 의견을 구한다.

> **기술의 교수: 물건을 빌릴 때의 포인트를 전한다.**
> 아동의 의견을 참고해서 '빌려 줄래라고 말한다' '승낙을 얻는다' '고마워라고 말한다'의 세 가지 포인트를 교수한다. 유아나 초등학교 저학년의 경우는 '승낙을 얻는다'를 구체적으로 '좋아'로 대체할 수 있다.

> **리허설: 역할놀이를 통해 '물건 빌리기'를 연습한다.**
> "그럼 우리 모두 실제로 해 보도록 할까요?"
> 한 사람씩 선생님을 상대로 역할놀이를 한다. 세 가지 포인트에 따라 피드백을 한다.

> **게임으로 실천과 정착화: 한 가지 색으로 그리는 그림(또는 물건 빌리기 경쟁)과 일상에서 지도한다.**
> 게임(한 가지 색으로 그리는 그림/물건 빌리기 경쟁) 속에서 사회성 기술을 실천해 나간다.
> 평소에 아동이 필기도구나 놀이 도구 등을 빌리러 왔을 때 '빌려 줄래라고 말한다' '승낙을 얻는다' '고마워라고 말한다'의 세 가지 포인트가 가능하도록 기회를 보면서 지도해 나간다.

사회성 기술 지도에 사용되는 게임 13

물건 빌리기 경쟁	대상: 유◎ 저◎ 중◎ 고○
	인원수: 4~8명 시간: 15분

목표	양해를 구한 후 빌리기/승낙을 받기/고마워하고 말하기/즐기기

방법	두 팀으로 나누어 물건 빌리기 경쟁을 한다. 순번을 정하고 떨어져 있는 카드를 하나 선택해, 쓰여 있는 물건을 가지고 있는 사람(지도자나 보호자)에게 빌리러 간다. 빌릴 때에는 '빌려 줄래라고 말한다' '승낙을 받은 후 가지고 온다'는 것이 가능한가를 확인한 후 물건을 준다. 빌리면 팀에 돌아가 교대한다.

유아	초등학생(저)	초등학생(중)	초등학생(고)	중학생

No. **11** <div align="center">**친구 만들기**</div> **30**분

'같이 하자'라고 말하면서 친구가 되는 것은 또래관계를 구축하는 데 필요한 중요 기술입니다. '같이 하자'라고 말하지 못하는 아동은 다른 아동의 놀이를 방해하거나 놀고 있는 아동의 주변을 맴돌지도 모릅니다. 연령이 높아지면 놀이에 참여하려고 하지 않아 고립되기 시작하는 경우도 있습니다. 이 프로그램에서는 구체적으로 '적당한 크기의 목소리로' '같이 하자라고 말하기'라는 것을 역할놀이나 게임을 통해서 가르쳐 나갑니다. 초등학교 저학년의 시기에 반드시 지도하여 아동이 익히도록 하는 기술입니다.

[목표] • '적당한 크기의 목소리로' '같이 하자라고 말하기'
  • '그래'라는 말을 들은 다음, 친구와 놀기
  • 거절당한 경우에 대처하기

[게임] 스탬프랠리 게임

[준비물] 게임에서 사용되는 물건

[지도상 유의점] 일방적인 관계를 맺기 쉬운 아동이나 상대의 반응에 주의를 기울이지 못하는 아동에게는 '승낙을 받는 것'에도 주목하게 한다. '같이 하자' 이외에 어떤 표현이 있을까 하고 아동에게 생각하게 하거나, 학습지를 사용해 의견을 내게 하는 것도 좋다.

[관련 프로그램] ← 말 걸기

사회성 기술 지도에 사용되는 게임 14

스탬프랠리 게임	대상: 유◎ 저◎ 중◎ 고○
	인원수: 3명 이상　시간: 20분

목표 '같이 하자'라고 말하기/승패의 경험하기

방법 검은 수염 위기일발이나 다트, 젠가 등 여러 종류의 게임을 준비한다. 각각의 게임 코너를 만들고, 각 코너에 스탬프를 준비해 둔다. 아동은 스탬프랠리 카드를 가지고 자신이 놀고 싶어 하는 게임이 있는 장소에 가서 "같이 하자."라고 말하고 함께 한다. 그 게임으로 친구들과 승패를 겨루고 이기면 스탬프를 카드에 찍을 수 있다. (그 게임에서 한 번이라도 이기지 못하면 스탬프를 찍을 수 없다.) 게임에서 빠질 경우에는 "그만 할게."라고 말한 후에 다른 게임의 장소로 이동한다. 모든 코너를 돌아 스탬프를 모은다. '같이 하자' '그만 할게'라고 말하도록 규칙을 제시하지만, 지도자는 각 아동이 '같이 하자' '그만 할게'를 말할 수 있도록 지도해 나간다.

지도의 전개

시연: 친구를 잘 사귀지 못하는 A선생님의 예를 제시한다.

"A선생님은 친구와 함께 노는 것을 어려워합니다. 친구가 놀고 있을 때 같이 놀고 싶지만 좀처럼 같이 놀자고 할 수 없습니다. A선생님의 어려워하는 장면을 보도록 합시다."
모두: (모두 즐겁게 놀고 있다.) A선생: "나도 피구 하고 싶은데……."(작은 목소리로 중얼거린다.) 친구들 주위를 어슬렁어슬렁거린다. 모두: "A선생님, 그곳에서 놀고 있으면 공에 맞아요. 비켜요."

토론과 기술의 교수: 친구를 사귈 때의 포인트에 대해서 교수한다.

"A선생님은 여러분과 놀지 않았죠. A선생님은 어떻게 하면 여러분과 놀 수 있다고 생각해요?" 아동의 의견을 듣고 그 의견을 활용해서 ① '적절한 크기의 목소리로(들릴 수 있는 목소리로)', ② '같이 하자라고 말한다', ③ '그래라고 말한 후에 친구들과 함께 한다'의 세 가지 포인트를 교수해 나간다.
세 가지의 포인트가 아동에게 나오지 않을 경우에는 각각의 포인트로 나타나지 않는 예를 강조해서 선생님이 모델링을 해 줘도 좋다. 이제부터의 포인트는 판서 또는 게시물에 표시한다.

리허설: 역할놀이로 '친구 만들기'의 연습 한다.

"그럼 모두 실제로 해 보도록 합시다."
한 사람 한 사람, 선생님을 상대로 역할놀이를 한다. 그때마다 긍정적으로 평가한다.

일반화와 정착화: 게임으로 실천과 기회를 발견하여 지도한다.

역할놀이 후 스탬프랠리 게임으로 실천한다.
일상생활에서 "같이 하자라고 말해 보렴."이라고 조언을 하거나 "○○(이)도 같이 했단다." "모두 함께 노는 것이 즐겁죠." 등과 같이 간접적으로 피드백하는 등, 그때마다 기회를 발견하고 지도해 간다.
초등학교 중학년 이후는 거절당했을 때 어떻게 할까에 대해서도 지도해야 한다. 다음 회기에 거절당한 경우에는 '다른 친구들에게 권유한다' '잠시 후에 다시 물어본다' '포기한다' 등 아동의 대인관계의 스타일에 맞추어 지도해 나가면 좋을 것이다.

유아	초등학생(저)	초등학생(중)	초등학생(고)	중학생

No. 12   **자기소개 하기**   **30분**

처음 사람과 만날 때 또는 알았지만 친하지 않았던 상대와 사이좋게 지내기 위해서 필요한 자기소개의 기술에 대해서 배웁니다. LD · ADHD · 고기능자폐증 아동은 대인의식이 희박하거나, 무슨 이야기를 해야 할지 잘 모르거나, 긴 시간 동안 상대의 이름을 모르거나 말을 해 본 적이 없는 경우도 있습니다. 이 기술은 또래관계를 시작할 때에 매우 중요합니다. 또한 그 이후 또래관계를 돈독하게 하는 것에도 영향을 미칩니다. 집단 속에서 상대를 의식할 수 있도록 그룹 활동을 시작할 때 시행하는 것도 좋을 것입니다.

[목표] • 상대의 이름을 아는 것에 대한 중요함을 인식하기
　　　　 • 자기소개 기술 습득('인사' '자신의 이름' '잘 부탁합니다')하기

[게임] 짝 찾기/명함교환 빙고

[준비물] 게시물 〈자기소개 순서〉/ 게임에서 사용되는 물건

[지도상 유의점] 친구를 사귀지 못한 단계에서의 대처 프로그램이기 때문에 공통의 화제나 흥미 · 관심을 활용하면서 게임을 구조화하고, 아동끼리 이야기가 활발해지도록 한다.

[관련 프로그램] ← 인사하기 ← 말 걸기 → 이름 기억하기

사회성 기술 지도에 사용되는 게임 15

짝 찾기	대상: 유○ 저◎ 중○ 고○ 인원수: 4~8명 시간: 10분

목표 자기소개하기/또래와 관계하기/워밍업

방법 시작 신호를 하면 모두가 의자에서 일어나 한 사람당 한 장씩 카드를 줍는다. 모두 짝이 있는 카드이기 때문에 짝이 되는 사람을 찾는다. 짝이 되면 의자에 앉아 자기소개를 한다.

짝 카드: 카드에는 반으로 나뉜 그림이나 말을 써 둔다. 같은 길이가 되는 줄, 구체적인 물건의 조합(공과 글러브 등)으로도 가능하다. 동물 카드를 만들어 울음소리만으로(혹은 제스처만으로) 짝이 되는 상대를 찾아도 좋다. 워밍업 게임으로도 실시할 수 있다.

지도의 전개

> **도입 및 시연 그리고 교수: 자기소개의 적절한 모델 제시와 포인트를 명확화한다.**
>
> "적절한 자기소개에 대해서 공부해 보겠습니다." "A선생님과 B선생님이 자기소개의 좋은 예를 보여 주실 거예요. 잘 봐 주세요."
>
> A선생: "처음 뵙겠습니다." B선생: "처음 뵙겠습니다." A선생: "저는 A입니다." B선생: "저는 B입니다."
>
> A선생: "잘 부탁합니다." B선생: "저야말로 잘 부탁합니다."
>
> '인사' '자신의 이름을 말한다' '잘 부탁합니다'의 흐름을 게시물로 확인한다.
>
> 고학년이나 중학생의 경우에는 시연이나 역할놀이를 생략하고 자기소개 포인트를 교수하고 바로 게임으로 이동해도 좋다.

> **리허설: 역할놀이로 연습한다.**
>
> "그럼 오늘은 자기소개 게임(짝 찾기 또는 명함교환 빙고)을 합니다. 게임을 재미있게 하기 위해서 게임을 하기 전에 자기소개 연습을 해 봅시다."
>
> 아동이 선생님을 상대로 역할놀이를 해 보도록 한다.

> **게임으로 실천: 짝 찾기(또는 명함교환 빙고)로 연습한다.**
>
> "그럼 게임으로 연습을 합시다. 자기소개를 잘 할 수 있을까요?"

사회성 기술 지도에 사용되는 게임 16

명함교환 빙고	대상: 저○　중◎　고◎　중학○
	인원수: 4~8명　시간: 20분

특급	자기소개하기/친구와 관계하기/또래의식 만들기/워밍업

문급　자신의 명함을 많이 만든다(p. 73 참조). 이름만 쓰는 것이 아니라 자신이 좋아하는 TV나 그림을 그려도 좋다(명함의 뒤에는 양면 테이프를 붙여 둔다). 모두 자기소개를 하면서 명함을 교환한다. 상대에게 자신의 빙고 시트에 명함을 붙이도록 하고 빙고 시트(9칸이나 16칸이 가장 좋다)를 완성한다. 칸이 남으면 선생님의 이름이나 TV 캐릭터의 이름 등을 써서 모든 칸을 채운다. 마지막으로 이름 빙고 시트를 사용해서 빙고 게임을 한다.

빙고를 하는 방법: 모두에게서 명함을 한 장씩 회수하고 명함을 접어서 빙고 박스에 넣는다. 리더가 빙고 박스에서 한 장씩 명함을 꺼내어 읽는다. 불리는 이름에 모두가 동그라미를 한다. 동그라미가 가로, 세로 또는 사선으로 완성되면 '빙고'라고 말한다.

유아	초등학생(저)	초등학생(중)	초등학생(고)	중학생

No. **13**   **이름 기억하기**   **15분**

> 친구의 이름을 기억하는 것은 관계를 구축해 나가는 데 있어서 기본이 되는 기술입니다. 대인의식이 희박한 아동이라도 프로그램에 참가하는 중에 이름을 기억하는 중요성을 알아차리고, 게임을 통해서 친구의 이름을 외우도록 촉구해 나갑니다. 활동의 초기에 시행하고, 그룹 만들기의 토대로서 진행하면 좋을 것입니다.

[목표] • 친구에게 주목하기
　　　　• 친구의 이름이나 얼굴 기억하기

[게임] 얼굴과 이름 맞추기/옆의 ○○씨/리듬 네임/이름 배구

[준비물] 이름표/출석표(아동들의 이름이 쓰인 게시물)

[지도상 유의점] 기억하는 것을 어려워하는 아동에게는 시각적인 힌트(예: 명찰을 한다)를 주거나, 개별적으로 기억하기 위해서 단서(예: 특징, 별명)를 기억하는 등으로 난이도를 조정해 나간다. 이름을 기억한 것이 게임에서만 끝나지 않도록 프로그램 종료 후 의식적으로 정착하도록 하는 것을 목표로 할 필요가 있다. 자유 시간에 이름을 부르는 것을 촉구하거나 '친구 이름을 부르기' 프로그램으로 발전시켜도 좋다.

[관련 프로그램] ← 자기소개하기 → 이름 부르기, 대답하기

지도의 전개

> **도입: 오늘의 테마, 게임에 대해서 설명한다.**
> "여러분, 친구의 이름은 이제 다 외웠어요? 오늘은 모든 반 친구들과 사이가 더욱 좋아지기 위해서 이름을 기억하는 연습을 하려고 합니다." 게임의 규칙에 대해서 설명한다.

> **리허설: 게임을 통해 '이름 기억하기'를 연습한다.**
> '얼굴과 이름 맞추기' '옆의 ○○씨' '리듬 네임' '이름 배구' 등의 어느 것 중 하나를 시행한다.

> **피드백: 게임 중, 종료 후에 아동의 행동을 평가한다.**
> 게임 중에 친구의 이름이 생각나지 않을 경우는 출석표나 명찰을 보도록 촉구하거나 힌트를 주어서 이름을 부르도록 한다. 아동이 이름을 기억하려고 할 때에는 긍정적으로 평가한다. 게임 종료 후에도 모두가 이름을 기억하는 것을 긍정적으로 평가한다.

> **일반화: 이후의 지도로 연결해 나간다.**
> 이후의 그룹 활동 시에 친구의 이름에 대해서 대답하거나 부를 수 있는 기회를 만들고, 기억하고 있는 것을 적극적으로 평가한다. 보호자나 재적학급의 선생님에게도 아동이 친구의 이름을 기억하도록 지도하거나, 친구에 대해서 화제를 삼는 등의 배려를 행하도록 한다.

사회성 기술 지도에 사용되는 게임 17

얼굴과 이름 맞추기	대상: 저○　중◎　고◎　중학○
	인원수: 4~10명　　시간: 15분

목표 친구에게 주목하기/친구의 이름과 얼굴 기억하기

방법 얼굴 사진과 이름 카드를 사용해 맞추기를 한다. 순번대로 두 장씩 카드를 뒤집어 가고, 얼굴 사진과 이름 카드가 일치하면 그 카드를 받게 된다. (자신의 카드는 조커로서 가져가지 못하게 해도 좋다.) 취득한 카드가 많은 사람이 이긴다.

사회성 기술 지도에 사용되는 게임 18

옆의 ○○씨	대상: 중○　고◎　중학○
	인원수: 4~10명　　시간: 10분

목표 친구에게 주목하기/친구의 이름과 얼굴 기억하기

방법 가슴에 명찰을 달고 동그랗게 앉는다. 처음 사람이 "○○씨의 옆에 ××입니다."라고 자기소개를 한다. 다음으로 그 옆 친구가 "○○씨 옆의 ×× 씨 옆의 △△입니다."와 같이 말하고 순번 앞의 사람이 말한 것을 이어서 자기소개를 해 나간다. 마지막 사람까지 멋지게 말하게 되면 박수를 치고, 이름을 외우게 되면 명찰을 뺀다.

사회성 기술 지도에 사용되는 게임 19

리듬 네임	대상: 중○　고◎　중학◎
	인원수: 3~6명　　시간: 10분

목표 친구에게 주목하기/친구의 이름과 얼굴 기억하기

방법 명찰을 달고 원으로 앉는다. 손뼉을 2회 친 다음, 좌우의 엄지손가락을 내면서 "종현(자신의 이름), 인성(다른 사람의 이름)."과 같이 호명한다. (다른 사람도 손뼉을 칠 때에는 같이 친다.) 이름이 호명된 사람이 동일하게 "인성(자신의 이름), 나영(다른 사람의 이름)."라고 호명하는데 이 과정을 틀리거나 멈출 때까지 한다. 익숙해지면 명찰을 빼거나 교환하여 실시한다.

유아	초등학생(저)	초등학생(중)	초등학생(고)	중학생

No. **14** <h1>이름 부르기, 대답하기</h1> **20**분

'이름을 부른다' '이름이 호명되면 대답한다'라는 기술은 대인의식이 희박하고 인간관계가 어려운 PDD 등의 아동이 실패하기 쉬운 기술입니다. 여기서는 프리스비 패스 등의 놀이를 통해서 연습합니다. 게임 중에 '친구의 이름 부르기' '대답하기'를 규칙으로 통합하고 실천하도록 합니다.

[목표] • 친구의 이름 부르기

• 이름이 호명되면 대답하기

[게임] 협력 이름 패스/이름 플라잉 디스크

[준비물] 게임에서 사용하는 물건(프리스비 등)

[지도상 유의점] 친구의 이름을 부를 때 적당한 크기의 목소리로 부르는 것(p. 54 참조), 상대의 움직임이나 반응을 잘 보는 것(p. 56 참조)도 지도의 포인트가 된다. 저학년이나 고기능자폐증 아동의 경우, 주변의 친구 이름을 기억하지 못하거나 이름이 호명되는 것을 알아차리지 못하는 경우도 있다. 필요에 따라 게임을 실시하기 전에 이름을 불러 보는 연습을 한다. 또한 게임 중에도 명찰이나 출석표를 보도록 적당한 조언이 필요하다.

[관련 프로그램] ← 자기소개하기 ← 이름 기억하기

사회성 기술 지도에 사용되는 게임 20

협력 이름 패스	대상: 유○ 저◎ 중◎ 고○
	인원수: 3~8명 시간: 10분

목표 친구의 이름을 부르기/이름을 호명하고 대답하기/협력하기

방법 큰 원을 만들고 상대의 이름을 호명해서 대답을 들은 후 인형 등을 패스한다. 패스를 받은 사람은 한 발 앞으로 나온다. 이를 반복하면 전원이 중앙으로 모이게 된다. 어깨가 부딪히는 거리의 원이 되면 종료한다. 패스할 때에는 원의 모양이 잘 유지되도록 떨어져 있는 사람(패스를 많이 받지 못한 사람)에게 패스하도록 배려한다.

지도의 전개

> **도입: 오늘의 테마에 대해서 설명한다.**
>
> "오늘은 플라잉 디스크를 패스하면서 놀이합니다. 안전하게 놀이를 하기 위해서 중요한 규칙이 있습니다. 놀이를 하기 전에 우선 그 규칙을 배워 봅시다."

> **시연 및 기술의 교수: 부적절한 모델을 지도자가 제시하고 아동이 알아차리도록 한다.**
>
> "그럼 A선생님, B선생님이 패스를 해 볼게요. 잘 봐 주세요."
> A 선생: (갑자기 디스크를 패스한다.) B 선생: (날아 오는 디스크를 모르고 부딪힌다.)
> 무엇이 잘못되었고 어떻게 하면 좋을지 아동에게 의견을 물어보고, 아동의 의견을 수렴하면서 '이름 부르기'를 교수한다. 게시물을 붙이거나 판서한다. 동일하게 부적절한 모델을 제시하고 '상대가 잡기 쉽도록 패스한다' '모두에게 전달한다' '벽에 부딪히지 않도록 한다' '대답을 듣고 난 후 던진다' 등도 필요에 따라 교수해 나간다. 이와 같은 포인트는 안전하고 재미있게 놀기 위해서 매우 중요한 것이라고 그 의의를 교수한다. 마지막으로 지도자가 적절한 예를 시연해 보인다.

> **게임으로 실천: 이름 플라잉 디스크를 실시한다.**
>
> 게임 중 이름을 부르지 않고 패스하는 아이에게는 "이름을 불러 주세요."라고 촉구한다. 또한 대답이 없는 경우에는 "패스를 하지 못해요." 등으로 말을 건다. 잘 하는 경우에는 그 자리에서 긍정적으로 피드백을 한다.

> **일반화: 이후의 지도로 연결한다.**
>
> 게임 종료 후 친구에게 이름이 호명되거나 대답을 듣게 되면, 자신을 알고 있는 것같이 느껴져 기분이 좋아진다. 사람의 이름을 부르거나 확실히 대답하는 것은 친구와 재미있게 놀거나 활동하기 위해서 중요하다는 것을 재차 교수한다. 이후의 지도에서는 기회를 보고 "사람을 부를 때에는 이름으로 부른단다." "확실하게 대답할 수 있지." 등의 말을 하여 의식하게 한다.

사회성 기술 지도에 사용되는 게임 21

이름 플라잉 디스크	대상: 저○ 중◎ 고◎ 중학○
	인원수: 3~8명 시간: 10분

목표	친구의 이름을 부르기/이름이 호명되면 대답하기/충동성 조절하기

방법	전원이 원을 만들어 패스를 하는 상대의 이름을 호명하고 대답을 들은 후 플라잉 디스크를 던진다. 몇 분간 주고받기를 하거나 떨어뜨리지 않고 몇 회 패스가 이어지는지 도전한다. 초등학교 저학년은 서툴러서 패스하고 받는 것을 잘 하지 못할 수 있기 때문에 편하게 받을 수 있는 조금 큰 공, 매직 캐치 등을 이용하면 좋다.

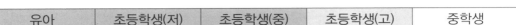

| 유아 | 초등학생(저) | 초등학생(중) | 초등학생(고) | 중학생 |

No. 15   좋은 말 · 나쁜 말 알기   **40분**

> 좋은 말 · 나쁜 말이라고 하는 개념부터 말이 사람에게 미치는 영향을 배웁니다. 머리로 이해를 한 후 실제로 게임이나 활동에서 좋은 말을 사용하도록 하고, 나쁜 말은 무심코 말하지 않도록 지도합니다. 이 기술은 또래관계를 만들고 유지해 나가는 데 중요합니다. 그룹 활동의 규칙으로 정착될 수 있도록 빠른 시기에 시행하고, 그 후에도 기회를 보면서 지도해 나가면 좋을 것입니다.

[목표] • 좋은 말을 하는 것과 나쁜 말을 하는 것의 개념 · 의의를 알고 변별하기
   • 나쁜 말을 조절하고 좋은 말을 습득하기

[게임] 좋은 말 · 나쁜 말 구슬치기/협력 프리스비 볼링/피구 등 팀으로 대전하는 게임

[준비물] 학습지 〈좋은 말 · 나쁜 말〉

[지도상 유의점] 저학년이나 고기능자폐증 아동의 경우, '좋은 말' '나쁜 말'이라는 추상어는 그 이미지를 잘 떠올리지 못하는 경우가 있다. 구체적인 예를 많이 들고 변별하는 것이 포인트가 된다. 정서적인 상태, 성격 경향 등에 따라 좋은 말을 하고 싶어 하지 않은 아동도 있다. 이런 경우에는 나쁜 말을 제어하는 것만으로도 충분히 평가해 준다.

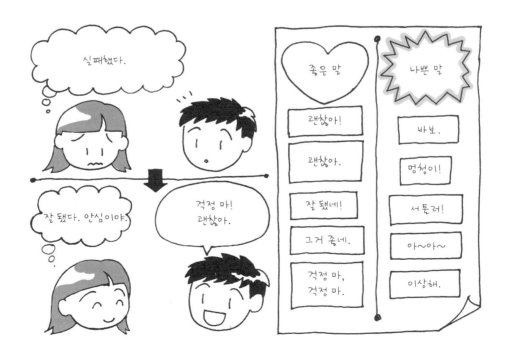

지도의 전개

도입의 교수: 오늘의 테마에 대해서 설명한다.

"말은 사람의 기분을 좋게 하는 말, 사람의 기분을 나쁘게 하는 말의 두 가지로 나누어 집니다. 어제 선생님은 친구에게 고마워라고 들어서 기분이 좋았습니다. 오늘은 이런 좋은 말·나쁜 말에 대해서 공부합니다."

시연: 축구 장면을 제시한다.

"'괜찮아' '아~아, 잘 못하네'의 두 가지 말에 대해서 생각해 보았으면 합니다. 제(A선생)가 이 말을 해 볼 테니, B선생님은 어떤 기분이 드는지 생각해 보세요."
A선생: 자, 간다(공을 찬다). B선생: 에이~(헛스윙). A선생: 괜찮아.
아동에게 B선생님이 어떤 기분이 들었는지 물어본다. '아~아, 못하네'의 말에 대해서도 동일하게 시연을 보이고, B선생님의 기분을 물어본다. (학습지〈좋은 말·나쁜 말〉을 병용해도 좋다.)

기술의 교수: 좋은 말·나쁜 말의 개념, 의의를 설명한다.

"모두가 말하는 것처럼 '괜찮아' 이 말은 따뜻한 기분이 듭니다. 이런 말을 좋은 말이라고 합니다. '아~아~, 못하네' 이런 말은 좋지 않은 기분이 들기 때문에 나쁜 말이라고 합니다." 지금까지 다른 사람으로부터 들은 나쁜 말, 좋은 말을 아동들에게 물어본다. 이런 경험을 감안하여 나쁜 말은 하지 않는 것이 좋고, 좋은 말을 사용하는 것이 친구와 재미있게 놀기 위해서는 중요한 것임을 교수한다.

리허설: 학습지 속의 좋은 말·나쁜 말을 구분한다.

학습지〈좋은 말·나쁜 말 분별〉을 배부하고 좋은 말에ㅇ, 나쁜 말에 ×를 표시하도록 하며 두 개의 말에 대해서 구체적인 예를 통해 분별한다. 이후 답 맞추기도 한다.

게임으로 실천: 대전 가능한 게임으로 연습한다.

'좋은 말·나쁜 말 구슬치기'와 같이 팀으로 대항하는 게임을 하나 한다. '좋은 말을 사용하는 것' '나쁜 말을 억제하는 것'을 게임의 규칙으로 제시한다. 게임 중, 게임 후에는 "나쁜 말을 조금 말했지만, 이후는 참았구나." "좋은 격려의 말이구나!!"라고 긍정적으로 평가한다.

일반화: 이후의 지도로 연결해 나간다.

이후의 그룹 활동에서 기회를 보고 "나쁜 말이야, 주의하도록 하자." "나쁜 말을 억제할 수 있게 되었구나." "좋은 말을 많이 쓰는구나."라고 그때마다 긍정적인 피드백을 한다.

학습지 〈좋은 말 · 나쁜 말〉

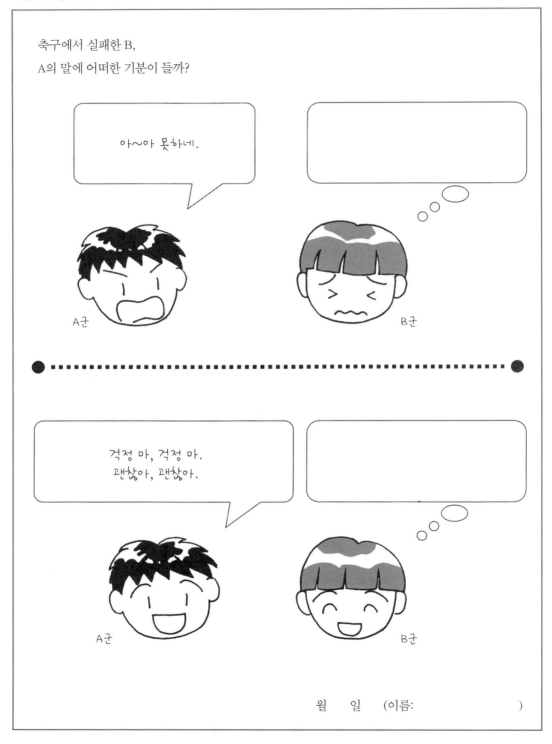

축구에서 실패한 B,
A의 말에 어떠한 기분이 들까?

아~아 못하네.

A군

B군

걱정 마, 걱정 마.
괜찮아, 괜찮아.

A군

B군

월   일   (이름:)

학습지 〈좋은 말 · 나쁜 말 분별〉

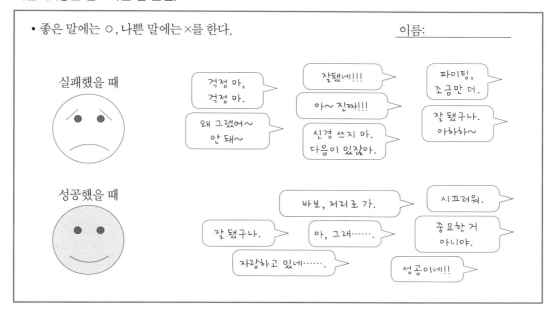

사회성 기술 지도에 사용되는 게임 22

좋은 말 · 나쁜 말 구슬치기	대상: 저◎ 중◎ 고○
	인원수: 4~8명　시간: 15분

목표 나쁜 말의 조절/응원하기/동료의식을 만들기

방법 두 개의 팀으로 나누어 팀 대항으로 구슬치기 전투를 한다. 팀별 순번대로 구슬을 손가락으로 치고, 부딪히면 부딪힌 구슬을 가진다. ① 튕기는 구슬치기와 부딪히는 구슬치기를 정하고, 그 사이에 손가락으로 선을 긋고 목표를 정한다. ② 부딪히면 구슬을 받을 수 있다. ③ 목표를 정하지 않고 구슬에 먼저 부딪히거나 책상에서 나가면 아웃된다. ④ 친구에게 나쁜 말을 사용하면 구슬이 하나 감점된다.

사회성 기술 지도에 사용되는 게임 23

협력 프리스비 볼링	대상: 유○ 저○ 중◎ 고◎ 중학○
	인원수: 2~8명　시간: 10~20분

목표 나쁜 말의 조절/응원하기/달래기/협력하기

방법 짝으로 플라잉 디스크를 사용해 볼링을 한다. ① 던지는 순서를 정한다. ② 짝을 지어 순서대로 핀을 넘어뜨린다. ③ 볼링과 같이 전부 넘어뜨리지 못하면 다른 친구가 스페어를 목표로 한다. ④ 볼링과 마찬가지로 점수 환산을 한다. ⑤ 팀 대항전을 한다.

유아	초등학생(저)	초등학생(중)	초등학생(고)	중학생

No. **16**　　　　　　　　　　**친구와 함께 움직이기**　　　　　　　　　　**20**분

> 게임을 통해서 상대의 움직임에 주목하고, 움직임에 맞추어 협력하는 것을 배웁니다. 두 사람이 한 조를 이루어 재미있게 게임을 하는 가운데 상대를 의식하거나, 다른 사람에게 맞추는 요령을 구체적으로 체험하는 것입니다. 몸이 붙거나 접촉하기 때문에 아동 간의 신뢰관계가 어느 정도 형성된 후에 하는 것이 좋을 것입니다.

[목표]　• 친구의 움직임에 주목하기
　　　　　• 다른 사람과 적절하게 움직임을 맞추기

[게임]　협력 보드 전달/2인 1조의 협력 게임/2인 3각 등

[준비물]　보드(신문지, 종이 박스 등)/게임 규칙표/게시물 〈협력의 요령〉

[지도상 유의점]　'친구와 움직임을 맞추기'라는 지시만으로는 구체적으로 몸을 어떻게 움직여야 할지 모르고 당황할 수 있다. 어디에 주목을 하고 배려를 해야 되는지, 구체적인 언어로 교수하거나 모델링으로 보여 주는 것이 포인트다. 빨리 골인하는 것에만 신경을 써서 상대에 대한 배려가 결여된 행동을 하지 않도록, 아동이 승패에 집착하지 않고 재미있어 하는 게임이 되도록 한다. 이를 위하여 지도자는 게임 전체를 통해서 빠른 속도의 진행만이 아니라 잘 협력하는 부분을 적극적으로 평가한다. '악어가 있는 연못' 또는 '도깨비 퀴즈' 게임을 통해 문제에 답하지 못하면 통과를 못하게 하는 등 게임의 성격을 속도 이외의 부분에 두는 것도 좋다.

[관련 프로그램]　→ 협력해서 완수하기

지도의 전개

> **도입: 오늘의 테마에 대해서 설명한다.**
> "오늘은 협력 보드 전달을 합니다. 2인 1조로 협력하는 것이 포인트인 게임입니다."

> **게임으로 실천: '협력 보드 전달'을 시행한다.**
> 게임의 규칙을 설명하고 협력의 요령('전달하기 쉬운 곳에 보드를 둔다' '지원한다' 등)을 모델링하거나 칠판에 게시하여 나타낸다. 게임 중, 협력이 되는 팀에게는 잘 되는 부분을 피드백한다. 잘 되지 않는 팀에게는 협력의 요령을 구체적으로 전한다. 게임 종료 후 아동에게 어려웠던 점이나 잘 되었던 점을 묻는다.

> **일반화: 이후도 지속적으로 지도해 나간다.**
> "또래와 훌륭하게 협력했기 때문에 모두 제대로 도착할 수 있었단다."라고 협력의 필요성을 재차 전한다. '협력'의식을 정착시키기 위해 반복해서 협력 게임을 하면 좋다.

사회성 기술 지도에 사용되는 게임 24

협력 보드 전달(악어 연못 건너기)	대상: 유◎ 저◎ 중◎ 고○
	인원수: 4~8명 시간: 10분

특징 의식적으로 두 사람 몸의 움직임 맞추기

진행 2인 1조가 되어 각 조에 2장의 보드 위만 밟아 골인하는 것을 목표로 한다. 연령에 따라 '악어가 있는 연못'을 하거나 도깨비가 내는 퀴즈를 맞추고 통과 하는 '도깨비 게임' 등과 같은 게임의 성격을 갖게 되면 재미있다. 신체 접촉을 꺼리거나 운동 능력의 차이가 있는 경우는 보드를 전달하는 사람(도우미)과 건너는 사람으로 역할 분담을 해도 좋다

사회성 기술 지도에 사용되는 게임 25

협력 볼(풍선) 운반	대상: 유○ 저◎ 중◎ 고○
	인원수: 4~8명 시간: 10분

특징 의식적으로 두 사람의 몸의 움직임 맞추기

진행 2인 1조가 되어 볼을 손으로 만지지 않고 운반하는 게임이다. 신문지나 천에 담아서 운반하거나 몸의 일부분으로 감싸고 운반하는 등, 아동의 능력에 따라 난이도를 바꾼다.

사회성 기술 지도에 사용되는 게임 26

신문열차	대상: 유◎ 저◎ 중○
	인원수: 2~8명 시간: 10분

특징 의식적으로 두 사람의 몸의 움직임 맞추기

진행 2인 1조가 되어 신문으로 만든 열차(신문 한가운데를 동그랗게 자른다)에 들어가 신문이 찢어지지 않고 골인하는 것을 목표로 한다. 잘린 크기로 난이도를 조절한다.

| 유아 | 초등학생(저) | 초등학생(중) | 초등학생(고) | 중학생 |

No. 17　도움 주고받기　20분

경도 발달장애 아동은 일상생활에서 다양한 어려움에 부딪히기 쉽습니다. 아동이 이와 같은 어려움을 이겨 나가기 위해서는 본인이 신뢰할 수 있는 또래나 어른에게 도움을 요청하는 것이 가능해야 합니다. 어려운 상황에서 타인에게 도움을 구하는 것은 어려움에서 벗어나는 것뿐 아니라, 안심하고 새로운 활동에 참가하거나 도전하는 것으로도 이어질 수 있습니다. 이 프로그램에서는 게임을 통해 친구를 도와주고 친구에게 도움을 요청하는 기술을 배워 갑니다.

[목표]　• 타인에게 도움을 요청하기

　　　　　• 타인을 도와주는 경험하기

[게임]　천사와 악마의 술래잡기/전지 인간/인명구조 신문열차

[준비물]　게시물 〈도움을 요청하는 대사〉/게시물 〈목소리의 크기〉

[지도상 유의점]　들을 수 있도록 말을 하는 것에 대해 이해하기 어려운 아동에게는 지도자가 옆에서 말을 걸어 주는 것 등의 개별 지원이 필요하다. 초등학교 고학년이나 중학생의 경우에는 일상생활에서 친구에게 도움을 받은 경험을 나누는 등으로 이미지를 떠올려, 이번의 주제와 일상생활을 연결해 나간다.

[관련 프로그램]　← 이름 부르기, 대답하기 ← 좋은 말 · 나쁜 말 알기 → 협력해서 완수하기

지도의 전개

도입 및 시연: 게임의 설명과 도움을 요청하는 장면을 제시한다.
천사와 악마의 술래잡기 게임의 규칙을 설명한다. "이제부터 게임을 잘 하기 위해서 요령을 알려 드립니다. 선생님이 보여 줄 테니 잘 보세요." 악마: "A군 터치!" A: (천사에게 작은 목소리로 말을 건다.) 천사: (알아차리지 못한다.) 천사가 도움을 주러 오지 않았던 이유에 대해서 아동에게 의견을 듣고 판서한다.

기술의 교수: 도움을 요청하는 기술의 포인트를 설명한다.
게시물을 이용하면서 '대사의 레퍼토리(도와줘 등)' '상대에게 들리도록'을 교수한다.

게임으로 실천: '친구 만들기' 게임을 시행
'천사와 악마의 술래잡기'(또는 '전지인간' '인명구조 신문열차') 게임을 한다. 훌륭하게 도움을 요청하는 경우는 즉시 평가한다. 종료 후에도 돕는 것을 평가한다.

일반화: 의의에 대해 교수하고 기회를 보면서 지도한다.
도움을 받거나 도움을 주었을 때 어떤 마음이 들었는지에 대해서 생각해 본다. 이와 같은 체험은 매우 즐거운 것이고 친구와 사이좋게 지내기 위해서 중요한 것임을 교수한다. 이후의 활동에도 어려워하는 상황에서 도움을 요청하도록 촉구한다.

사회성 기술 지도에 사용되는 게임 27

천사와 악마의 술래잡기	대상: 유○ 저◎ 중◎ 고◎ 중학○
	인원수: 6명 이상 시간: 5~10분

특징 친구에게 도움 요청하기/친구를 도와주기

문제 악마 역할과 천사 역할을 정한다. 그 외의 사람은 도망가고 악마 역할의 사람에게 터치당하면 그 장소에 앉는다. 천사 역할에게 도움을 요청하고, 천사가 터치하면 다시 움직인다.

사회성 기술 지도에 사용되는 게임 28

전지 인간	대상: 저○ 중◎ 고◎ 중학○
	인원수: 6명 이상 시간: 5~10분

특징 친구에게 도움 요청하기/친구를 도와주기

문제 전원이 머리 위에 콩주머니(전지에 비유)를 얹고 교실을 자유롭게 다닌다. 전지가 떨어지면 움직일 수가 없게 된다. 누군가에게 도움을 요청해 다시 머리에 전지를 얹으면 부활하며, 전원이 얼마 동안 살아남는지를 잰다. 장애물이 있는 코스를 만들고 모두 활동해도 좋다.

사회성 기술 지도에 사용되는 게임 29

인명구조 신문열차	대상: 저○ 중◎ 고○
	인원수: 6명 이상 시간: 10분

특징 친구에게 도움 요청하기/친구를 도와주기/친구와 움직임을 맞추기

문제 팀 대항전이다. 팀에서 한 명은 인명구조 역할을 맡고 나머지는 게임에 참여하도록 한다. 중앙을 도려낸 신문지에 들어가 코스를 한 바퀴 돈다. 신문이 찢어지면 멈추고, 인명구조병을 불러 접착 테이프로 수리받는다. 한 바퀴별로 인명구조 역을 교대해서 실시한다. 8명이 있으면 릴레이 형식으로 가능하다.

유아	초등학생(저)	초등학생(중)	초등학생(고)	중학생

No. 18

여러 가지 감정 조절하기

20분

> 경도 발달장애 아동은 자신의 감정을 잘 표현하지 못하고 패닉 상태가 되거나, 자신의 감정을 억제하지 못해 난동을 부리는 등 감정에 관한 문제를 가지고 있는 경우가 있습니다. 감정의 조절에는 '감정언어 알기' '자신의 감정 인지' '감정 조절법의 습득'이라는 단계가 있습니다. 여기서는 감정 조절을 배우는 첫 단계로서, 감정을 표현하는 언어를 알고 그 수를 늘려 가는 데 목표를 둡니다. 지도할 때, 언어의 이미지를 쉽게 기억하게 하기 위한 이해 수단으로 표정 심벌을 사용합니다. 감정에 대한 이해가 부족한 아동에게 필요한 프로그램입니다.

[감정 조절의 단계]

- 감정 조절에는 몇 가지의 단계가 있습니다. 싫다는 감정 등을 갑자기 참으라고 하는 것이 아니라 우선은 감정에 대해서 아는 것부터 시작합니다. 그리고 자신의 감정을 인지하고 언어로 표현하게 되면 부정적인 감정에 대해서 대처 방법을 가르칩니다.

- 또한 아동이 감정을 인지하고 표현할 수 있게 되는 데에는 평소 어른의 대응 방법이나 자세가 중요합니다. 재미있고 즐거운 것과 같은 긍정적인 감정만이 아니라 조바심이나 불안 등의 부정적인 감정에 대해서도 공감적으로 대응하고, "억울했지." "화가 났구나." 등과 같이 친밀하게 말을 걸어 준다면 아동은 자신의 감정을 알아차리고 감정을 언어로 표현할 수 있게 됩니다.

감정을 안다.	자신의 감정 종류를 인지한다.	자신의 감정 크기를 인지한다.	부정적인 감정에 대처한다.
여러 가지 감정 (본 프로그램)	감정 맞히기 (p. 112)	공감하기 (p. 136)	스트레스 대처하기 (p. 140)

어휘의 습득　　　➡　　　감정의 인지　　　➡　　　감정의 조절

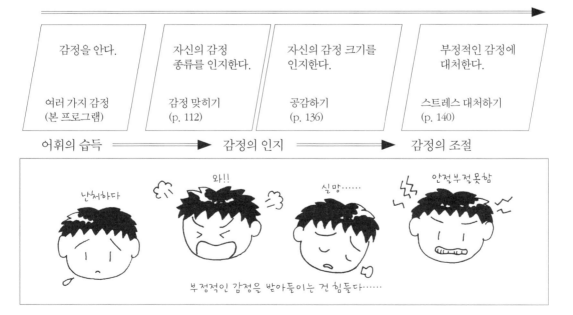

[목표]   • 감정을 표현하는 언어(감정언어)를 늘리기

[준비물]   학습지 〈여러 가지 감정〉/게시물 〈표정 심벌〉/게시물 〈몸과 감정〉

[지도상 유의점]   충동성이 높고 즉각 행동하는 아동은 자신의 감정을 의식하지 못하는 경우도 많기 때문에 감정 심벌을 일상적으로 사용하고, 자신의 감정을 의식할 수 있도록 하며, 감정을 조절해 나가도록 연구한다. 연령이나 인지 발달의 수준에 따라 사용하는 감정언어의 수나 종류를 바꾼다(연령이 높아지면 걱정, 동요 등 추상적인 것도 가르친다).

[관련 프로그램]   ← 지는 것 → 감정 맞히기 → 공감하기

지도의 전개

도입: 오늘의 주제에 대해서 설명한다.

"우리는 좋은 일이 있으면 즐거워지고, 좋지 않은 일이 있으면 슬퍼집니다. 이러한 것을 감정이라고 하죠. 감정에는 여러 가지가 있습니다. 여러분은 어떤 감정의 언어를 알고 있나요?" 아동에게 알고 있는 감정언어를 물어본다.

기술의 교수: 감정을 표현하는 어휘와 표정을 확인한다.

"여러분이 이야기한 것과 같이 감정에는 여러 가지가 있습니다. 그리고 그때의 감정에 맞는 여러 가지 얼굴이 있습니다. 이것을 표정이라고 말합니다. 이번에는 표정과 그에 맞는 감정을 확인해 봅시다."

• 게시물 〈표정 심벌〉을 칠판에 붙이고, 각각에 맞는 감정 어휘를 제시한다.

리허설: 학습지에 기입한다.

학습지 〈여러 가지 감정〉을 배부하고 에피소드에 맞추어 감정을 선택하도록 한다. 대상이나 상황에 따라 학습지가 아니라 에피소드를 시연하거나 그림으로 나타내는 것도 좋다.

피드백: 학습지를 확인한다.

학습지 활동에서는 어떠한 대답도 허용한다. 왜 그렇게 생각했는지를 묻고 "○○한 경우 즐겁네요." 등 아동의 대답에 공감하고, 아동 자신의 사고방식을 존중하면서 경험과 감정언어를 엮어 정리할 수 있도록 조언한다.

일반화: 이후의 지도로 연결한다.

그룹 활동의 마지막에 하루의 감상으로서 표정 그림을 사용해 감상을 쓰거나 발표하게 함으로써, 그 장소에서 느낀 감정을 표현하도록 촉구한다. 승패가 있는 게임을 한 후 등 감정이 표현되기 쉬운 과제 다음에 반성 시트(자료 2, 3)를 사용해 반성한다. 또한 게시물 〈몸과 감정〉을 이용해 안절부절못함, 콩닥콩닥, 벌렁벌렁 등의 신체감각과 감정을 연결시켜도 좋다.

학습지 〈여러 가지 감정〉

여러 가지 감정

이름: _____

이런 때 어떤 감정이 들까요?

정확한 얼굴에 ○를 표시하고 어떠한 감정일까를 아래 칸에 써 봅시다.

장난을 쳐서 화났다.

어떤 감정?(   )

갖고 싶은 게임을 받았다.

어떤 감정?(   )

모두 앞에서 발표를 했다.

어떤 감정?(   )

게임에서 상대에게 졌다.

어떤 감정?(   )

길을 잃어버렸다.

어떤 감정?(   )

무사히 집에 도착했다.

어떤 감정?(   )

게시물 〈표정 심벌〉

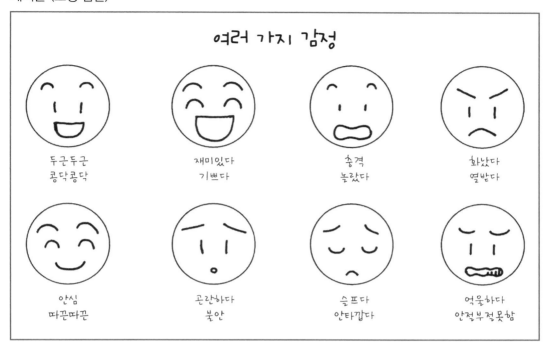

게시물 〈몸과 감정〉

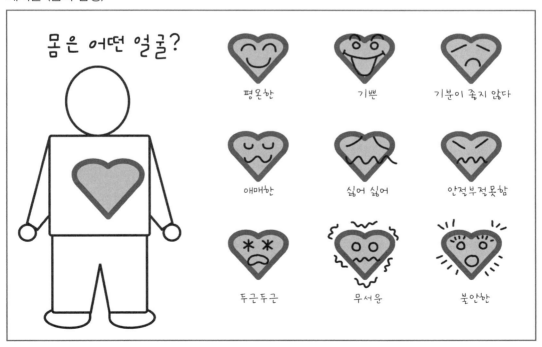

유아	초등학생(저)	초등학생(중)	초등학생(고)	중학생

No. **19**   ## 함께 결정하기   **15분**

> 또래와 협조적으로 토론하는 것은 학교에서의 학급 활동이나 일상생활의 또래관계 등에서 필요로 하는 기술입니다. 다만 토론의 기술은 몇 가지 하위 기술이 요구되는 복잡하고 종합적인 것입니다. 단계적으로 '함께 결정하기' '제안하기' '상대의 이야기를 듣기' '중요한 의견을 우선으로 하기'로 순서를 세워 지도해 나가는 것이 필요합니다. 우선 여기에서는 '함께 결정하기' 기술을 배웁니다. 의논을 통해서 다음 주에 함께 할 게임을 결정하는 방법, 결정된 의견에 따르는 것을 지도합니다.

[목표] • 의견을 결정하는 방법 배우기(다수결, 가위바위보, 사다리 타기, 양보 등)
         • 결정한 의견을 따르기

[준비물] 게시물 〈함께 결정〉

[지도상 유의점]   함께 결정한 의견을 따르지 않는 아동이 있을 경우, 모두의 의견을 채택하고 어떤 게임부터 시행할까 실시하는 순서에 대해서 토론하고 결정해도 좋다. '결정하는 방법'에 대해서는 연령이 높아지면 설득하거나 타협안을 내는 등 복잡한 것을 가르쳐도 좋다. 의견을 결정할 때, 다수결이나 가위바위보를 하는 패턴을 만든다. 다만 하나의 패턴으로 결정하는 경향이 있을 수 있기에, 유연한 방법으로 의견을 결정하는 것이 가능하도록 여러 가지 '결정하는 방법'을 지도한다.

[관련 프로그램]   → 제안하기 → 잘 듣기 → 의견 나누기 → 협력 기술 익히기

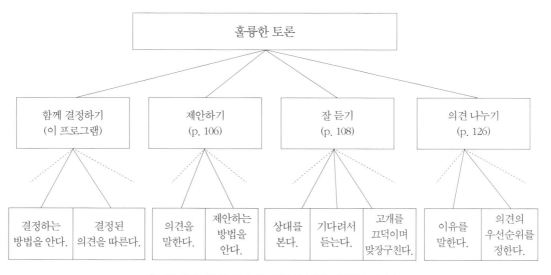

[그림 13] 토론 기술의 다양한 포인트(하위 기술)

지도의 전개

도입: 다음 주 시행할 게임에 대해서 이야기한다.

"오늘은 다음 주에 함께 할 게임에 대해서 토론하고자 합니다. 여러분은 다음 주 이 시간에 무엇을 하면서 놀고 싶나요?" 아동들의 의견을 듣고 게임 목록에 추가한다. 의견이 나오지 않을 경우는 지도자가 세 가지 정도의 게임을 미리 제시한다.

기술의 교수: 게시물을 이용해서 '함께 결정하기' 기술을 가르친다.

"여러 가지 게임이 있네요. 이 중에서 함께 한 가지만 결정하고자 합니다. 어떻게 결정하면 좋을까요?" 아동에게 의견을 듣고 판서한다. 게시물 〈함께 결정〉을 제시하고 아동의 의견을 수렴하면서 '결정하는 방법'의 포인트를 설명한다. 의견을 하나로 결정하는 방법(다수결, 가위바위보, 사다리 타기, 양보 등)은 각각 칠판에 쓰거나 지도자가 시연하면서 가르친다.

기술의 교수: 게시물을 이용해서 '결정된 의견을 따르기'를 가르친다.

게시물 〈함께 결정〉을 제시한다. "함께 의견을 하나로 결정하면 그 게임이 '싫다!!'라고 생각되어도 결정된 것을 따릅니다. 모두 함께 재미있게 놀기 위해서, 꼭 안 되는 이유가 없다면 결정된 게임으로 놀이를 합니다." 실제로 토론 전에 규칙으로 아동에게 의식을 하게 한다.

실천: 다음 주 게임에 대해서 토론한다.

"그럼 함께 토론하고자 합니다. 오늘은 다수결로 결정하고자 합니다. 제일 많이 손을 든 게임으로 결정합니다." 재차 게임의 목록을 확인하고 지도자가 의장 역할로 다수결을 시행한다.

정착화와 일반화: 일상생활에서 연습하는 기회와 게임으로 실천한다.

평소 게임을 하는 순번을 결정할 때, 그룹을 정할 때, 누가 발표할까 결정할 때 등 일상생활의 다양한 기회를 이용하면서, 아동에게 다수결, 가위바위보, 사다리 타기 등을 시행하도록 촉구한다. 또한 놀이하는 감각으로, 다수결이나 결정된 의견을 따르는 것에 익숙해지기 위해서 사회성 기술 지도에 사용되는 게임 '다수결 배틀 가위바위보 편'을 그룹 활동 시간에 시행해도 좋다.

게시물 〈함께 결정〉

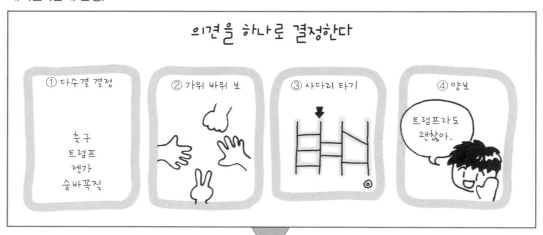

사회성 기술 지도에 사용되는 게임 30

다수결 배틀 가위바위보 편	대상: 저◎ 중◎ 고○
	인원수: 6~8명　시간: 15분

다수결 시행/다수결의 결과에 따르기/규칙 이해하기

각각의 팀에 가위바위보의 카드를 나누어 준다. '둘 셋!! 다수결'이라고 하며 각각의 팀에서 1장씩 배틀 카드를 손가락으로 가리킨다. 제일 많이 손가락이 간 가위바위보 카드로 대결한다. 5승을 먼저 한 팀이 승리한다.

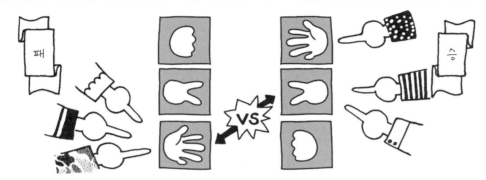

다수결 배틀 가위바위보 편 카드

바위　가위　보

다수결 배틀 양육강식 편 카드

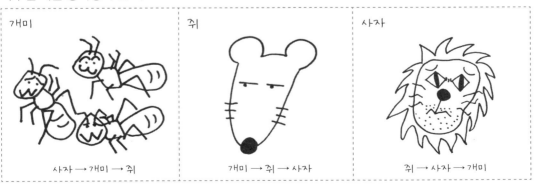

개미　쥐　사자

사자 → 개미 → 쥐　　개미 → 쥐 → 사자　　쥐 → 사자 → 개미

유아	초등학생(저)	초등학생(중)	초등학생(고)	중학생

No. **20**   **사회성 기술 알기**   **20**분

> 사회성 기술의 의미와 이를 학습하는 의의를 배웁니다. '강인한' 곰, '소심한' 양 등의 캐릭터 인형을 준비하면서 사회성 기술의 의미와 그것을 배우는 이점을 가르칩니다. 사춘기가 되면 이차적인 문제로 인해 지도에 관해서 동기부여가 낮아질 경우가 있습니다. 초등학교 고학년 이후의 그룹 활동에서는 학습의 동기부여를 높이기 위해서 제일 먼저 도입해야 하는 프로그램입니다.

[목표]   • 사회성 기술의 의미와 지도의 의의 이해하기

        • 사회성 기술 지도의 동기부여 향상시키기

[준비물]   게시물 〈사회성 기술(사람과 잘 교제하는 요령)〉/게시물 〈득·손〉/학습지 〈사회성 기술이란?〉/곰, 양, 사람 인형

[지도상 유의점]   이 장에서는 시연을 위해 인형을 사용하고 있지만, 만화나 비디오 등 아동의 연령이나 흥미와 관심에 따라서 사회성 기술의 이미지가 생기게 되는 자료를 사용하는 것도 좋을 것이다. 정서적으로 문제가 있는 아동, 과제를 이해하지 못하는 아동의 경우는 그룹 활동에 왜 참가하는지에 대해 지도자나 보호자가 개별적으로 아동과 이야기하는 것이 필요하다.

[관련 프로그램]   ← 목표 설정하기

학습지 〈사회성 기술이란?〉

사회성 기술이란?

이름:

• 사회성 기술이란?

• 사회성 기술을 배우는 이점

• 사회성 기술에는 무엇이 있나?

지도의 전개

기술의 교수 ①: '사회성 기술'의 의미를 교수한다.

"오늘은 사회성 기술에 대해서 배웁니다. 여러분은 사회성 기술이라고 하는 말을 들어 본 적이 있습니까?" 게시물 〈사회성 기술〉을 붙인다.
"사회성은 영어로 social skill인데, social이라고 하는 것은 '사회'라든가 '교제'라는 의미입니다. 그래서 사회성 기술이란 '사람과 잘 교제하는 요령'을 의미입니다." 게시물 〈사람과 잘 교제하는 요령〉을 붙인다.

시연: 물건을 빌릴 때의 세 가지 장면을 제시한다.

"지금부터 곰, 양, 민우의 세 명이 각각 공을 빌리는 장면을 보게 됩니다."
곰은 강인하고, 양은 은둔(소심)하며, 민우는 훌륭한 기술을 사용하는 캐릭터로 시연하고 각각의 장면별로 곰, 양, 민우의 행동 방법에 대해서 아동의 의견을 듣는다.
장면① 곰: "어이! 비켜!"라고 강인하게 볼을 빼앗는다.
장면② 양: "······아······보, 볼······싫어."라고 피해 버린다.
장면③ 민우: "저기, 볼 빌려 줄래?"라고 상대의 승낙을 구한 다음 빌린다.

기술의 교수 ②: '사회성 기술'의 의의를 설명한다.

"곰처럼 강인하면 난폭한 아이라고 오해를 받고, 양처럼 소극적이면 재미있게 놀지 못하므로 어느 쪽도 '손해'가 됩니다. 그러니까 민우처럼 훌륭하게 '빌려 줄래?'라고 말하면 좋겠지요. 이렇게 '빌려 줄래?'라고 하는 것이 사회성 기술입니다. 사회성 기술을 사용하면 다양한 이점을 얻을 수 있습니다."
게시물 〈득·손〉을 제시한다. 득: '친구 사이가 좋아진다' '선생님이나 가족이 화를 내지 않아도 된다' '자신에 대해 이해받는다' 손: '친구와 싸우게 된다' '선생님으로부터 야단을 듣는다' '자신에 대해 이해받지 못하고, 싫어하는 아이라고 오해받는다' 등 구체적으로 판서한다(또는 게시물을 붙인다).

정리: 학습지를 이용한다, 이후의 지도에 대한 동기부여를 향상시킨다.

학습지를 배부하고, 사회성 기술의 의미와 이점을 기입한다.
"사회성 기술이란 사람과 잘 교제하는 요령이라는 의미로, 이것을 배우면 친구와 사이가 좋아지고, 선생님에게 야단을 듣지 않고 지내게 되어 이점이 많다고 했죠. 이제부터 그룹 활동에서 다양한 사회성 기술을 공부해 나갑니다. 선생님은 사회성 기술을 많이 몸에 익혔지만, 여러분은 얼마나 몸에 익혔을까요? 하나하나 확실하게 배워 나갑시다."

| 유아 | 초등학생(저) | 초등학생(중) | 초등학생(고) | 중학생 |

No. 21   알기 쉽게 전달하기   40분

> 레고 모양 전달이라는 게임 속에서 상대방의 입장에 서서 알기 쉬운 언어로 전달하는 것을 배웁니다. 상대방에게 알기 쉽게 전달하는 것은 또래와의 관계 구축이나 의사소통에서 매우 중요합니다. 언어 표현을 힘들어하거나 상대방의 입장에서 생각하기 어려워하는 아동에게 필요한 기술입니다.

[목표] • 상대방의 입장에서 생각하기

  • 알기 쉽게 전달하기

[게임]   레고 모양 전달/리모컨 술래잡기

[준비물]   게시물 〈레고 모양 전달〉/레고 블록/칸막이/회고 시트

[지도상 유의점]   언어 표현이 어려운 아동에게는 블록의 종류, 위치나 놓는 방법 등의 말하는 방법을 미리 알려 준다. ADHD 등 충동성이 높은 아동에게 전달이 잘 되지 않을 때, 안절부절못하는 경우가 있다고 사전에 전하며, 조바심을 인지하고 조절하며 예측하게 한다. 레고의 구성은 아동의 연령이나 이해력에 따라 난이도를 조절한다.

[관련 프로그램]   → 상대방의 기분 되어 보기 → 상대방의 마음 읽기

사회성 기술 지도에 사용되는 게임 31

레고 모양 전달	대상: 중○ 고◎ 중학◎
	인원수: 2~8명 시간: 30분

🔲🔲 상대방의 입장에 서 보기/알기 쉽게 전달하기/협력하기/조바심을 참기

🔲🔲 짝을 지어 사이에 칸막이를 세우고 마주보고 앉는다. 전달하는 사람이 견본이 되는 레고의 모양을 말만으로 전하고, 만드는 사람은 그것을 듣고 동일하게 레고를 구성한다. 만드는 사람은 견본을 보지 못하기 때문에 전하는 사람이 만드는 사람의 입장에서 바르고 알기 쉽게 전하는 것이 필요하다. 도중에 만드는 사람과 전하는 사람을 교대한다. 사전에 자신의 '좌우' '손 앞뒤'는 상대방에게 있어 반대가 된다는 것을 가르친다. 또한 전달이 잘 되지 않으면 전하는 당사자가 조바심이 생긴다는 것도 설명하고 예측하며 게임에 참가시킨다.

지도의 전개

도입: 레고 모양 전달 규칙을 설명한다.

"오늘은 레고 모양 전달이라는 게임을 합니다. 상대방에게 알기 쉽게 전달한다는 것은 어려운 것입니다. 오늘은 이 게임으로 알기 쉽게 전하는 연습을 합니다." 게임의 규칙을 설명한다.

기술의 교수: '상대의 시점을 생각한다'의 의미를 알린다.

"레고의 모양을 알기 쉽게 전하기 위해서는 만드는 상대방의 입장을 생각해서 전달해야 합니다. '상대방의 입장을 생각한다'는 것이 어떤 것인가 알고 있습니까?" 지도자의 '좌우' '손 앞뒤'가 마주하는 아동에게는 반대가 되는 것을 알기 쉽게 설명하고, 상대방의 입장을 생각하고 전달하는 것의 필요성을 이해시킨다. 또한 게시물 〈레고 모양 전달〉로 블록의 종류나 위치 등을 말하는 방법을 가르친다.

게임으로 실천: 레고 모양 전달을 시행한다.

"그럼 게임을 시작합시다. 지금 배운 것과 같이 '상대방의 입장을 생각하고', 상대방에게 알기 쉽게 전달하도록 합시다." 게임 중 "말하는 방법이 알기 쉽구나."라고 긍정적으로 평가한다. 전달을 잘하지 못하는 아동에게는 전달하는 방법의 힌트를 주거나 상대방에게 질문하도록 촉구한다.

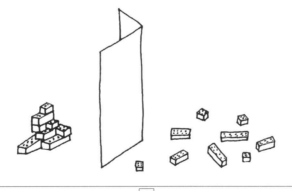

일반화: 이후의 지도로 연결한다.

일상생활에서도 사람에게 무엇을 전할 때에는 상대방의 입장을 생각하면서 알기 쉽게 전하는 것이 중요하다고 가르친다. 또한 다음 회기 이후의 그룹 활동에서는 상대방의 입장만이 아니라 감정, 생각 등도 구체적으로 가르치거나 그때마다 피드백을 해서 알아차리게 한다.

게시물 〈레고 모양 전달〉①

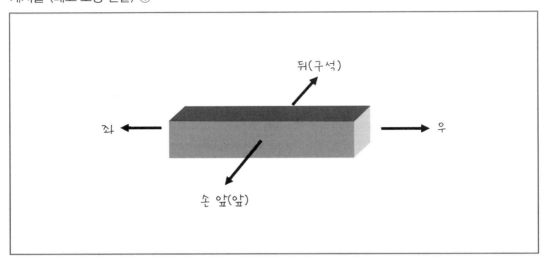

게시물 〈레고 모양 전달〉②

색	길이	높이	방향
적			세로
청	짧은(정방형의) 블록	3단 2단 1단	
황			
흑	긴(장방형의) 블록		가로
백			

게시물 〈레고 모양 전달〉 ③

전달하는 방법의 예

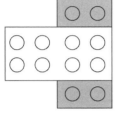

(전하는 사람의 시점↑)

① 검은색의 긴 블록을 가로로 놓습니다.

② 그 위에 흰색의 긴 블록을 세로 방향으로 놓습니다.

③ 검은색 블록의 중앙에 놓지만 흰색의 블록은 오른쪽이 밖으로 나가도록 겹칩니다.

정확할 때에는 ─ "그것으로 됐어." "정확해." "다음으로."

틀렸을 때에는 ─ "조금 틀린데." "한 번 더 말할게."

조바심이 날 때에는 ─ 천천히 숨을 들이쉬고 침착하게 화내지 않고 설명한다.

사회성 기술 지도에 사용되는 게임 32

리모컨 술래잡기	대상: 중○ 고◎ 중학◎
	인원수: 6~20명 시간: 15분
목표 상대방의 입장에 서 보기/알기 쉽게 전달하기/협력하기	

규칙 짝을 지어 '로봇'과 '움직이는 사람'으로 나눈다. 각 짝의 '로봇' 중에 술래를 한 사람 정한다. '로봇'은 전원 눈을 가리고 '움직이는 사람'의 말에 따라 움직이면서 술래잡기를 한다. '움직이는 사람'은 '로봇'의 옆에 붙어서 '조금 오른쪽, 그대로 앞으로……' 등 말로 움직임을 설명하지만 신체를 만져서 방향을 알려 주는 것 등은 하면 안 된다. 술래가 누군가를 터치하면 술래를 교대한다. 도중에 '로봇'과 '움직이는 사람'은 교대한다.

유아	초등학생(저)	초등학생(중)	초등학생(고)	중학생

No. 22   **제안하기**   20분

물건 이용법을 자유롭게 생각하고, 모두에게 제안하는 게임을 통해서 자신의 의견을 적절하게 말하는 것을 배웁니다. 아동에 따라서는 주변의 반응을 보지 않고 자신의 의견만 주장하는 경우나, 자신의 의견을 말하지 않아서 의견이 잘 전달되지 않은 경험이 누적되어 자신감을 잃어버리는 경우가 있습니다. 여기에서는 제안의 방식을 배우고 적절하게 자신의 생각을 상대방에게 전달하는 연습을 합니다.

[목표] • 토론에서 자신의 의견을 적절하게 제안하기

• '~는 어떨까?' '~으로 괜찮아?' 등의 제안하는 방법 알기

[게임] 다양한 이용법

[준비물] 게시물 〈제안하기〉/게시물 〈제안하기 방법〉/게임에서 사용하는 물건

[지도상 유의점] 토론 기술의 하나이기 때문에 '함께 결정하기'를 시작으로 실시하는 것이 바람직하다. 제안하는 방법에는 여러 가지가 있지만 '~는 어떨까?'를 기본으로 해서 지도한다. 의견에 동의하거나 찬성할 때 말하는 방법으로 'OK' '좋아' '찬성입니다'도 설명한다.

[관련 프로그램] ← 함께 결정하기 → 잘 듣기 → 의견 나누기

게시물 〈제안하기〉

지도의 전개

도입: 오늘의 주제에 대해서 설명한다.

"오늘은 '다양한 이용법'이라는 게임을 합니다. 어떤 것을 어떻게 사용하면 좋을까라고 하면, 사용방법에는 무엇이 있는지 함께 아이디어를 내는 게임입니다. 중요한 것은 훌륭한 방식으로 제안을 하는 것입니다. 어떤 방법으로 제안을 하면 좋을지 생각해 봅시다."

시연: 토론이 잘 이루어지지 않는 장면을 제시한다.

게시물 〈제안하기〉를 칠판에 붙이고 두 개의 장면을 지도자가 시연한다.
"윤하의 제안 방식은 잘 되고 있나요? 지영이는 어떤 기분일까요?"
게시물에 지영이의 기분을 써 넣는다. 어느 쪽의 말하는 방법이 좋았는지 생각하도록 한다.

기술의 교수: 훌륭한 제안의 방식을 보인다.

"윤하의 제안 방식은 일방적이기 때문에 지영이는 기분이 나쁘겠지요. 자신의 의견을 제안할 때에도 말하는 방식을 잘 선택하는 것이 좋습니다. 예를 들면, 이렇게 말하는 방법이 좋을 것 같습니다."
• "~가 좋다고 생각하는데, 어떨까?"라고 쓰여 있는 게시물 〈제안하는 방법〉을 칠판에 붙인다.

게임으로 실천과 피드백: 다양한 이용법을 시행한다.

다양한 이용법의 게임을 시행한다. 게임 대항으로 보다 많은 아이디어를 낸 쪽이 승리한다는 형식으로 해도 좋다. 게임 중이나 종료 후에 제안의 방식이 훌륭하게 된 부분을 평가한다.

정착화와 일반화: 이후에도 지속적으로 지도한다.

게임 이외의 토론 장면에서 제안 방식을 의식하게 한다. 자유놀이에서도 규칙이나 팀을 결정하는 토론에서 기술이 사용되고 있는지 주의해서 조언한다.

사회성 기술 지도에 사용되는 게임 33

다양한 이용법	대상: 중◎　고◎　중학○
	인원수: 4~8명　시간: 10분

🔲목표	제안하기/동의하기/창조적 사고

🔲내용	두 개의 그룹으로 나누어 어떤 사물이나 대상(무엇이라도 좋다)의 이용법을 가능한 한 많이 생각해 낸다. 한 가지의 이용법은 1점이 되고, 그룹으로 점수를 겨룬다. 부적절한 이용법은 마이너스 1점이 되기 때문에 그룹의 구성원은 'OK' '그래, 좋아' 등으로 동의해야 한다. 예: 소쿠리 이용법 – 모자/바구니/축구공/프리스비로 놀이 등

| 유아 | 초등학생(저) | 초등학생(중) | 초등학생(고) | 중학생 |

No. **23**　　　　　　　　　　　　# 잘 듣기　　　　　　　　　　**35**분

　'이야기 잘 듣기'는 학교에서나 또래관계에서 빈번하게 요구되는 기술이지만, 경도 발달장애 아동에게는 어려운 기술입니다. 아동이 배우기 쉽도록 '상대방 보기' '상대방의 말이 끝날 때까지 기다리기' '수긍하기' '맞장구치기'라는 구체적인 행동을 가르치고 연습시키는 것이 포인트가 됩니다. 또래끼리 여러 가지 사건이나 상대의 취미 등에 관해 인터뷰하는 것을 통해서 이야기 듣기를 연습합니다. 여름방학이나 겨울방학 후처럼 자연스럽게 화제거리가 많아지는 시기에 시행하면 좋습니다.

[목표]　• 토론에서 상대방의 이야기를 잘 듣기
　　　　　　('상대방 보기' '상대방의 말이 끝날 때까지 기다리기' '수긍하기' '맞장구치기')

[게임]　인터뷰 게임/타인 소개

[준비물]　'보기' '기다리기' '수긍하기' '맞장구치기'가 쓰여 있는 게시물/게시물 〈질문의 포인트〉/학습지 〈상대방의 듣기방법 체크〉

[지도상 유의점]　언어 능력이나 연령, 대인관계 상황에 따라서 질문이 생각나지 않거나 내용과 관계없는 질문을 해 버리는 경우가 있다. 따라서 사전에 물어야 할 항목을 학습지에 준비해 두는 등의 연구가 필요하다. 이 프로그램에서는 아동끼리 평가하지만 객관적 평가가 어려운 경우, 주변의 문제로 인해 상대방의 행동에 잘 주목하지 못하는 아동이 있는 경우는 선생님이 평가하는 것이 좋다.

[관련 프로그램]　← 보기　← 이야기 듣기　← 제안하기　→ 의견 나누기

사회성 기술 지도에 사용되는 게임 34

인터뷰 게임	대상: 저○ 중◎ 고◎ 중학◎
	인원수: 2~6명　시간: 10분
목표　상대방의 이야기를 듣는 기술을 습득하기/친구에 대해 알기	
방법　짝을 지어 주제에 맞추어 인터뷰를 한다. 시간이 되면 교대한다. 세 사람이 한 조가 되어 잘 듣고 있는지 체크하는 것도 좋다. 주제의 예: 여름방학에 즐거웠던 것, 나의 취미 등	

바다에 갔습니다.

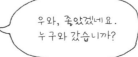
우와, 좋았겠네요.
누구와 갔습니까?

지도의 전개

> **도입: 오늘의 주제에 대해서 설명한다.**
>
> "여러분, 여름방학은 재미있었습니까? 오늘은 서로 여름방학에 있었던 일에 대해 인터뷰하고자 합니다." "인터뷰를 잘 하기 위해서는 어떻게 해야 할까요?"

> **시연: 서투른 모습의 장면을 제시한다.**
>
> 인터뷰 장면에서 ① 상대방을 보지 않는다, ② 상대방의 이야기가 끝나기를 기다리지 못하고 자신의 이야기를 한다, ③ 수긍하지 않고 맞장구치지 않는다 등 각각의 장면에 대해서 지도자가 시연한다. 각각 어디가 잘못되었는지, 어떻게 하면 좋았을지, 인터뷰를 한 사람은 어떤 기분이 들었는지에 대해서 친구들에게 묻는다.

> **기술의 교수: 이야기를 듣는 기술의 포인트, 의의를 설명한다.**
>
> 아동의 의견을 수렴하면서 포인트가 되는 기술을 확인하고 '보기' '기다리기' '수긍하고 맞장구치기'의 포인트를 칠판에 붙여 나간다. "상대방으로부터 이야기를 들을 때의 훌륭한 방법의 포인트를 알겠죠? '보기' '기다리기' '수긍하고 맞장구치기'예요." "이렇게 하지 않으면 상대방은 내가 이야기를 듣지 않고 있다고 생각하거나, 이 친구 별로다라고 생각하게 돼요."라고 기술의 의의를 전한다.

> **게임으로 실천: 인터뷰 게임으로 연습한다.**
>
> '인터뷰 게임'을 한다. '보기' '기다리기' '수긍하고 맞장구치기'의 세 가지 포인트에 주의를 기울이며 인터뷰하도록 하고 게임을 시작한다. 게임 중에 세 가지 포인트가 이루어지는 사람에게는 "상대방을 잘 보고 있구나."와 같이 바로 평가한다. 포인트에 맞지 않는 사람에게는 옆에서 포인트를 의식할 수 있도록 조언하거나 기술 시트를 가리키면서 촉구한다. 또한 말하는 사람은 학습지 〈상대방의 듣기방법 체크〉로 말이 끝나면 상대가 확실히 듣고 있었는지 아닌지를 평가하도록 한다. 지도자도 아동의 좋았던 점을 들어 평가한다.

> **정착화와 일반화: 이후의 지도로 연결한다.**
>
> 세 가지 포인트를 지켜 이야기를 듣고 있을 때 어떤 기분이 들었는지에 대해서 물어보고, 기술의 중요함을 재차 교수한다. 일련의 토론 관련 프로그램을 실시하는 사이에 그때마다 상대방의 이야기를 듣는 세 가지 포인트를 확인하거나 피드백을 한다.

사회성 기술 지도에 사용되는 게임 35

타인 소개	대상: 중○ 고◎ 중학◎
	인원수: 2~6명 시간: 10분

목표 상대방의 말을 듣는 기술을 습득하기/친구에 대해 알기

방법 ① 짝을 짓는다. ② 5분 교대로 서로 자기소개를 하고, 상대방에게 질문을 해서 더욱 자세하게 물어본다. ③ 모두의 앞에서 상대방이 되어 자기소개를 한다. 상대방의 자기소개를 들을 때, 질문을 할 때, 이야기를 듣는 기술을 사용하도록 촉구한다.

내 이름은 김수현입니다.
탈것 중에서는 오토바이를 좋아합니다.

좋아하는 동물은 고양이입니다.

게시물 〈질문의 포인트〉

이런 것을 물어봅시다

무엇을 했나요?

언제였나요?

장소는 어디였나요?

누구와 했나요?

어떻게 했나요?

○○를 보다 자세하게 알려 주세요.

어떻게 생각했나요?

☆상대를 보기
☆수긍하고 맞장구치기
☆기다리기

학습지 〈상대방의 듣기방법 체크〉

잘 들었나요?

당신의 이름: _____   이야기를 들어 준 사람: _____

제일 알맞은 곳에 ○ 표시를 합시다.

• 상대방 보기

전혀 되지   조금   보통이다.   훌륭히   매우
않았다.   되었다.   되었다.   훌륭히 되었다.

• 말이 끝날 때까지 기다리기

전혀 되지   조금   보통이다.   훌륭히   매우
않았다.   되었다.   되었다.   훌륭히 되었다.

• 수긍하고 맞장구치기

전혀 되지   조금   보통이다.   훌륭히   매우
않았다.   되었다.   되었다.   훌륭히 되었다.

유아	초등학생(저)	초등학생(중)	초등학생(고)	중학생

No. **24**   **감정 맞히기**   **40**분

> 경도 발달장애 아동은 자신의 감정을 잘 표현하지 못해서 패닉 상태가 되거나, 감정을 억제하지 못해서 난동을 부리는 등 감정에 대한 어려움을 자주 보입니다. 그래서 게임을 통해 자신의 감정을 언어로 표현하기, 친구에게 기분을 알아달라고 하기, 마음이 통하는 따뜻한 인간관계 만들기의 체험이 효과적입니다. 이 프로그램은 또래관계를 보다 돈독하게 하는 데 도움이 되지만, 자신의 내면을 보여 주는 것이 요구되거나 친구에 대해 알아야 할 필요가 있기 때문에 어느 정도 그룹에 대한 신뢰감이 높아진 시기에 시행하는 것이 좋습니다.

[목표] • 자신의 감정을 언어로 표현하기

  • 친구의 기분을 추측하기

  • 친구에게 자신의 기분을 이해받는 경험하기

[게임] 감정 맞히기 퀴즈

[준비물] 학습지 〈감정 맞히기 퀴즈〉

[지도상 유의점] 아동은 '슬프다' '화났다' 등의 부정적인 감정보다는 '기쁘다' '재밌다' 등의 긍정적인 감정을 보다 잘 표현하거나 공감하기 쉽다. 이를 위해서 우선 그룹에 따라 긍정적 감정의 에피소드로 한정 짓고, 그 다음에 부정적인 감정의 에피소드로 확장해 나가는 것이 좋다. 정서적으로 문제가 많거나 그룹 속에서 안정감·신뢰감을 느끼지 못하는 아동이 있는 경우에는 실시 여부를 신중하게 판단할 필요가 있다.

[관련 프로그램] ← 여러 가지 감정 조절하기 ← 알기 쉽게 전달하기 → 공감하기

사회성 기술 지도에 사용되는 게임 36

감정 맞히기 퀴즈	대상: 중○ 고◎ 중학◎ 인원수: 3~10명 시간: 30분

[목표] 감정의 인지와 표현/타인의 감정을 추측/공감하기

[문제] 출제자의 기분을 추측하여 맞히는 퀴즈다. 감정을 표현하는 전형적인 언어 6~10개 정도를 칠판에 쓴다. 아동은 그 가운데에서 최근 느낀 감정과 그때의 에피소드를 학습지에 기입한다. 각각 출제자가 되어 에피소드를 발표한다. 다른 사람은 그 사람이 그때 어떤 기분이었는지를 상상하고 답한다. 우선 지도자가 출제자가 되어 실시 방법을 알려 주는 것도 좋다.

지도의 전개

도입: 감정 맞히기 퀴즈에 대한 설명을 한다.

"감정을 표현하는 언어는 많이 있지요." 아동에게 감정언어를 묻고 그 말들을 판서한다(기쁘다/슬프다/무섭다/두근두근하다 등). 비슷한 감정언어를 하나로 정리한다(기쁘다ㆍ재밌다/안절부절못하다ㆍ화난다 등). "오늘은 감정 맞히기 퀴즈를 합니다. 선생님이 최근 있었던 일을 발표합니다. 여러분은 선생님이 어떤 기분이었는지 맞혀 보도록 합니다." 선생님이 출제자가 되어 퀴즈를 내고 규칙을 이해시킨다. 에피소드를 발표하고 아동에게 칠판에 있는 감정언어 중에서 답을 고르게 한다.

게임으로 실천: 감정 맞히기 퀴즈를 시행한다.

주변의 친구에게 보이지 않도록 학습지 〈감정 맞히기 퀴즈〉에 기입한다. 장면을 떠올리지 못하거나 에피소드를 문장으로 나타내지 못하는 아동은 개별적으로 지원한다. 한 사람 한 사람 출제자가 되어 퀴즈를 낸다. 지도자는 아동의 에피소드와 감정에 대해서 공감적으로 다룬다.

일반화: 일상에서도 감정 표현을 하도록 교수하고, 가정이나 학교의 협력을 구한다.

"자신의 감정을 언어로 표현하는 것은 어렵죠. 하지만 재미있었거나 즐거웠던 것을 친구들에게 전하고 친구들이 그것을 알아주게 된다면 매우 기쁘겠지요. 슬펐거나 화를 냈던 일은 매우 싫은 것이지만 그것도 누군가가 알아준다면 조금은 마음이 가벼워지기도 합니다."

게임을 통해서 아동들이 느낀 따뜻한 마음을 확인하고, 기분을 표현하고 알아주는 것에 대한 장점을 교수한다. 일상생활에서 자신의 감정을 이야기하고 이해받은 경험 등을 함께 나눈다. 가정이나 학교에서도 적극적으로 감정을 묻고 공감적으로 다루도록 협력한다.

학습지 〈감정 맞히기 퀴즈〉

감정 맞히기 퀴즈

이름:

1. 어떤 기분? (답)

2. 그때의 에피소드 (문제)

유아	초등학생(저)	초등학생(중)	초등학생(고)	중학생

No. **25** <div align="center">**협력해서 완수하기**</div> **40분**

> 학년이 올라감에 따라 아동끼리만의 협력을 통해 과제에 대처하는 기회가 많아집니다. 여기에서는 제스처 게임(짝을 지어 제스처로 무엇을 하고 있는지 맞히는 게임)의 사전 연습을 통해 상대방과 협력하는 것에 대해 체험합니다. 사람들과의 관계가 일방적이거나 수동적인 아동에게 효과적인 프로그램입니다.

[목표]
- 상대방과 의견을 합의하기
- 상대방과 움직임 맞추기
- 사람들과 협력해서 목적 달성하기

[게임] 협력 제스처 게임/협력 젠가

[준비물] 제스처 게임의 소재(스포츠 종목이나 직업 등) 카드/제스처를 연습하는 방(짝의 수)/젠가

[지도상 유의점] 의사소통 능력, 장애 특성, 성격 등을 고려하여 짝을 편성한다. 지도자는 각 짝의 제스처 연습에 참가하여 서로 협력해서 연습할 수 있도록 지도한다.

[관련 프로그램] ← 친구와 함께 움직이기 ← 함께 결정하기 ← 제안하기 → 협력 기술 익히기

사회성 기술 지도에 사용되는 게임 37

협력 제스처 게임	대상: 저○ 중◎ 고◎ 중학◎
	인원수: 4~8명 시간: 30분

목표	상대방과 의견을 합의하기/상대방과 움직임 맞추기/사람들과 협력해서 목적 달성하기

방법 짝 순서로 제스처를 하고 다른 짝은 무엇을 하고 있는지를 맞힌다. 제한 시간 안에 모두 몇 개를 맞혔는지 기록하고 대전하는 게임이다.

사전 준비: ① 짝별로 제스처 소재 카드를 배부한다. ② 짝별로 나누어서 배부한 제스처를 연습한다. ③ 전체가 모여 제스처 순서를 결정하고 게임을 개시한다.

지도의 전개

도입: 협력 제스처 게임을 설명한다.

게임의 규칙을 지도자가 실제로 해 보이며 설명한다. "언어를 사용하지 않고 제스처(몸과 손의 모습)만으로 무엇인가를 전하는 것이기 때문에, 두 사람의 협력과 연습이 중요합니다." 아동을 2인 1조로 하고, 짝별로 제스처 소재 카드를 3~5장 정도 배부한다.

시연 및 기술의 교수: 협력하기 위한 포인트를 설명한다.

"지금부터 짝별로 제스처 연습을 하도록 합니다. 다만 연습 시에 주의해야 할 점이 있습니다." '의견의 합의' '움직임을 맞추기'에 대해서 아동이 어려워할 장면을 지도자가 시연하여 제시하고 구체적으로 가르친다.

리허설: 협력 제스처 게임의 사전 연습을 통해서 '협력해서 완수하기'를 연습한다.

짝별로 연습할 수 있도록 공간을 확보하고 제스처를 연습한다. 지도자는 각 짝을 돌아보고 협력하여 시행하도록 촉구한다. 또한 의견이나 움직임을 맞추어 나가면 그 자리에서 평가한다.

게임으로 실천: 협력 제스처 게임을 시행한다.

짝별로 세로 방향으로 일렬로 앉게 하고 규칙을 설명한다. 이후 게임을 실시한다.

반성과 정착화: 전체로 되돌아보고, 이후의 지도로 연결한다.

각 짝에 대해서 협력 포인트를 잘 해낸 부분을 구체적으로 들어 모두에게 소개한다. 이후의 지도에서는 지속적으로 협력해 나가는 과제를 구성하고 기술 정착화를 도모한다.

사회성 기술 지도에 사용되는 게임 38

협력 젠가	대상: 저○　중◎　고◎　중학○
	인원수: 2~8명　　시간: 15분
목표 의견을 말하기/의견을 듣기/타협하기/상대방의 움직임을 맞추기	

방법 짝이 되어 젠가를 한다. 젠가를 빼고 위에 놓을 때에는 검지 하나만 사용한다. 짝끼리 협력하여 젠가를 빼고 위로 옮겨야 한다.

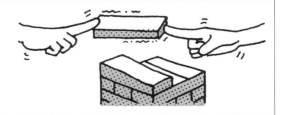

유아	초등학생(저)	초등학생(중)	초등학생(고)	중학생

No. **26** 　　　**나와 상대방의 공통점 찾기** 　　**20**분

　　친구와 관계할 기회가 있을 때나 친구와 공유할 수 있는 화제를 발견하기 위해서는 서로의 공통점이나 차이점을 발견할 필요가 있습니다. 그러나 대인관계의 의식이 희박한 아동은 자기 자신이나 친구의 특징에 관심이 없기 때문에 발견을 잘 할 수 없습니다. 여기에서는 '공통점 찾기'라는 게임을 즐겁게 하면서 서로의 공통점과 차이점을 깨닫고 수용하는 것을 배웁니다.

[목표]　• 자신과 친구의 공통점과 차이점을 알기

　　　　• 자신의 특징, 친구의 특징을 수용하기

[게임]　공통점 찾기

[준비물]　학습지 〈공통점 · 차이점〉

[지도상 유의점]　친구 만들기를 목표로 연간 지도에서 우선적으로 실시해도 좋다. 실시 시에는 공통점이 많아 보이는 상대방과 짝을 구성한다. 아동은 연령이 높아짐과 동시에 외모나 가지고 있는 물건과 같은 사람의 외면적인 특징에서부터 장점이나 성격과 같은 보다 내면적인 특징을 의식하게 된다. 따라서 게임 설명 시에는 연령이나 발달 수준에 맞는 예를 제시하는 것이 중요하다.

[관련 프로그램]　← 함께 결정하기 → 친구 알기 → 자기표현하기

학습지 〈공통점 · 차이점〉

공통점 · 차이점을 찾자

(이름:　　　　　) (상대방의 이름:　　　　　　)

공통점은?	차이점은?

힌트: 학년, 성별, 시 · 도 · 군청, 좋아하는 음식, 배우는 것, TV 등

지도의 전개

> **도입: 공통점 찾기 규칙과 포인트 설명한다.**
>
> "오늘은 자기 자신과 상대방의 공통점과 차이점을 발견하고 써 나가는 '공통점 찾기'라는 게임을 합니다. 다음의 세 가지 포인트에 주의하면 잘 할 수 있을 것입니다."
> 자신의 특징을 말하고 상대방은 어떤지 물어보기, 공통점·차이점 쓰기 순서를 교수, 판서한다.

> **시연: 지도자가 모델이 되어 공통점·차이점을 많이 제시한다.**
>
> "지금의 세 가지 포인트에 주의해서 A선생님과 B선생님이 해 보겠습니다. 잘 봐 주세요."
> A선생: "나는 수영이 특기인데 B는?" B선생: "나는 별로 수영을 잘하지 못해. 차이점이네."(종이에 쓴다.) B: "그럼 좋아하는 음식은? 나는 카레가 좋아. A는?" A: "나도 카레가 좋아. 공통점이구나. 쓰자!"(종이에 쓴다.)

> **게임으로 실천: 공통점 찾기를 시행한다.**
>
> "그럼 게임을 시작합시다. 시간 안에 많은 공통점·차이점을 발견한 짝이 승리입니다."
> 종료 후 짝별로 어떤 공통점·차이점을 발견했는지 발표한다. 지도자는 어떤 특성이 나와도 긍정적으로 받아들이고 개성으로서 존중한다. 이 자세를 아동에게 보인다.

> **정리: 개성에 대해서 설명하되 개인의 매력 등에 초점을 맞춘다.**
>
> "누구라도 다른 사람과 공통점·차이점을 많이 가지고 있습니다. 이러한 것을 개성이라고 합니다."
> 아동 한 사람 한 사람의 특징을 구체적으로 들어 각각의 장점을 말한다. 또한 타인과 차이점이 있는 것은 당연한 것임을 언급한다. 한 사람 한 사람 모두, 개성적이고 매력적인 것을 전한다.

사회성 기술 지도에 사용되는 게임 39

공통점 찾기	대상: 저○ 중◎ 고◎ 중학○
	인원수: 4~10명　시간: 15분

등료	자신과 친구의 공통점·차이점을 알기/자신의 특징, 친구의 특징을 수용하기

문제	짝을 이룬다. 서로 질문을 하면서 여러 가지 특징(성별, 학년, 좋아하는 음식, 특기 등)에 대해서 공통점·차이점을 발견해 종이에 기입한다. '같은 남자' '함께 그룹 활동을 하고 있다' 등 공통점·차이점은 어떤 소소한 것이라도 좋다. 제한 시간 안에 보다 많은 공통점·차이점을 발견한 짝이 승리한다. 게임이 끝나면 한 조씩 앞에 나와 발표한다. 친구끼리 소통이 잘되는 아동의 경우에는 세 사람 이상의 그룹으로 해도 좋다.

유아	초등학생(저)	초등학생(중)	초등학생(고)	중학생

No. 27　　　친구 알기　　　25분

친구에게 관심을 가지고 어떤 사람인지 알아 가는 것은 친구관계를 구축하는 데 있어 중요합니다. 하지만 대인관계의 의식이 희박한 아동의 경우, 친구에 대한 관심을 가지기 힘들고, 이름 등의 표면적인 것에 멈추어 버리기 쉽습니다. 또래 ○×퀴즈라는 게임을 통해서 친구에게 주목하도록 촉구하고 친구에 대해 아는 즐거움을 가르칩니다.

[목표] • 친구의 특징 알기

　　　　 • 친구와 친밀성 높이기

[게임] WANTED!! 이 사람을 찾습니다./또래 ○×퀴즈

[지도상 유의점] 그룹에서 또래관계가 어느 정도 이루어진 시기에 실시하면 좋다. 지도자는 아동의 특징에 대해서 "요리에 자신 있지. 대단한데." 등과 같이 긍정적인 코멘트를 하거나 "○○도 마찬가지로 지하철에 대해서 잘 알고 있지."라고 친구끼리의 공통점을 강조하기도 한다. 그룹 안에서 아동끼리의 개성을 수용하는 분위기를 만들도록 배려한다. 자기 자신에 관한 퀴즈는 자신이 만들어도 되고, 지도자가 준비해도 좋다. 자신이 만들 경우에는 친구에게 있어 적절한 내용과 어려워할 내용으로 구성하도록 개별적으로 지원한다.

[관련 프로그램] ← 이름 기억하기 ← 나와 상대방의 공통점 찾기 → 자기표현하기

사회성 기술 지도에 사용되는 게임 40

WANTED!! 이 사람을 찾습니다.	대상: 저○ 중◎ 고◎ 중학○
	인원수: 4명 이상　　 시간: 30~60분

목표 친구에게 관심 가지기/친구의 특징 발견하기

방법 모두가 지명 수배 시트에 자신의 특징, 이미지를 그린다. 그것을 회수하고 전원의 수배 시트를 칠판에 게시한다. 아동들은 이것을 보면서 각각 누구의 것인지를 추측하고 해답 시트에 이름을 기입한다. 답을 확인할 때, 지도자가 한 사람 한 사람의 지명 수배 시트를 읽고 각각 아동의 특징에 관심을 두고 긍정적인 코멘트를 한다.

지명 수배 시트: 취미, 열광하고 있는 것, 권하고 싶은 TV 프로그램, 자신 있는 과목, 잘 안 되는 것, 이미지 등을 기입할 수 있는 서식을 미리 만들어 둔다. 이름은 쓰지 않는다.

사회성 기술 지도에 사용되는 게임 41

또래 OX퀴즈	대상: 저○ 중◎ 고◎ 중학◎
	인원수: 3명 이상 시간: 10~20분

목표	친구의 특징 알기/친구와 친밀성 높이기

| 규칙 | 그룹 구성원에 대해서 O×퀴즈를 작성한다(아동에게 만들게 해도 좋다). 지도자(또는 아동 자신)가 한 문제씩 퀴즈를 출제하고, 그 외의 모두는 문제가 맞다고 생각하면 O, 틀리다고 생각하면 × 코너로 이동한다. |

지도의 전개

도입: 오늘의 주제와 게임 규칙을 설명한다.

"여러분은 반 친구에 대해 많이 알고 있습니까? 오늘은 친구에 대해 보다 더 많이 알기 위해서 '또래 O×퀴즈'라는 게임을 합니다. 퀴즈를 잘 듣고 답하면서, 친구가 어떤 사람인지 찾아봅시다." 게임의 규칙에 대해서 설명한다.

게임으로 실천: 또래 O×퀴즈를 시행한다.

"그럼 게임을 시작합니다." 게임 중 지도자는 문제에 대한 정답인지 아닌지보다 아동의 특징에 초점을 맞추어 긍정적인 코멘트를 한다.

피드백: 게임의 반성과 이후의 또래관계에 대해 이야기한다.

"오늘은 친구에 대해 많이 알게 되었죠. 자신이 몰랐던 것도 알게 되어 좋았지요. 친구에 대해 여러 가지 알고 있으면 많은 이야기를 하거나, 함께 놀 수 있어 지금보다 더 모두와 사이가 좋아지게 됩니다." 친구에 대해 잘 아는 것은 친구관계를 만들고 유지해 나가기 위해서 중요한 것임을 교수한다. 일상생활에서 지도자는 아동끼리 같은 화제나 흥미·관심을 공유할 수 있도록 중개 역할을 한다.

유아	초등학생(저)	초등학생(중)	초등학생(고)	중학생

No. **28**   **자기 표현하기**   **45**분

> 일상생활 속에서 다양한 실패 경험을 누적한 아동은 자신감을 잃거나 낮은 자존감을 가지기 쉽습니다. 가능한 것, 어려운 것에 대처하기 위해서는 자신의 장점과 단점을 알고 그것을 자신의 특성으로서 수용해 가는 것이 필요합니다. 여기에서는 자신의 장점 등 자신의 특성을 포스터로 제작해 봄으로써 자기 자신을 긍정적으로 볼 수 있도록 촉구합니다. 학기말이나 학년말 등에 정리 과제로 시행하면 좋을 것입니다.

[목표]   • 자기 특징(장점, 단점, 흥미·관심, 특기, 어려워하는 것 등) 알기
          • 자기 특징 수용하기

[게임]   자기 포스터 콘테스트

[준비물]   학습지 〈자기 포스터〉/문구/각 상에 대한 평가용 스티커/각 상의 훈장

[지도상 유의점]   학기말이나 학년말 등에 정리 과제로서 활용한다. 자신의 장점을 좀처럼 말하지 않는 아동에게는 지도자가 힌트를 주고 아동이 알아 가도록 하는 것도 좋다.

[관련 프로그램]   ← 나와 상대방의 공통점 찾기 ← 친구 알기

지도의 전개

> **도입: '자기 포스터 콘테스트'를 설명한다.**
> "오늘은 '자기 포스터'를 만듭니다. 사람에게는 자신 있는 것, 어려운 것, 좋아하는 것, 열광하고 있는 것 등 여러 가지 특징이 있습니다. 여러분에게도 많이 있다고 생각합니다. 오늘은 이러한 자신의 특징을 쓴 자기 포스터를 만듭니다. 자신에 대해 모두가 알 수 있도록 합시다."

> **게임으로 실천: 자기 포스터 콘테스트 게임을 시행한다.**
> '자기 포스터' 만들기를 한다. 사전에 지도자가 자기 포스터의 견본을 만들어 참고하도록 한다. 작품이 만들어지면 칠판에 게시하고 콘테스트를 연다. 콘테스트 시에는 '아름다운 포스터 상' '재미있는 포스터 상' '이런 점에 놀랐다 상' 등을 만들고 마지막에 시상식을 연다.

> **반성: 자신의 특성을 긍정적으로 수용하도록 피드백을 한다.**
> 아동 한 사람 한 사람의 구체적인 장점을 말한다. 또한 타인과 차이점이 있는 것은 당연한 것임을 언급한다. 모두 개성적이고 매력적임을 전한다. 평가용 스티커도 훈장도 포스터에 붙여서 가정으로 가져가게 하고, 가정에서도 본인의 특성에 대해서 긍정적인 피드백을 받도록 하는 것이 좋다.

사회성 기술 지도에 사용되는 게임 42

자기 포스터 콘테스트	대상: 중○ 고◎ 중학○
	인원수: 4명 이상 시간: 40분

목표 자신의 장점 생각하기/자존감 높이기/친구의 특성 알기

방법 각자 자신의 특성을 표현한 '자기 포스터'를 만든다. 만든 후 칠판에 게시하고 함께 콘테스트를 한다. '아름다운 포스터 상' '재미있는 포스터 상' 등을 만들고 그에 대응하는 평가표 스티커를 아동에게 나누어 준다. 이후 각자 자신의 것 이외의 포스터를 평가하고 스티커를 붙여 나가게 한다. 평가용 스티커가 적은 포스터가 나오지 않도록 지도자도 스티커를 붙여 배려한다. 마지막에 스티커가 많은 사람에게 각 상의 훈장을 수여한다.

학습지 〈자기 포스터〉

자기 포스터

이름

학년

주소

자기 얼굴

취미, 좋아하는 것

모두에게 추천하는 과자

좋아하는 TV

자신 있는 것 · 어려운 것

지금 열광하고 있는 것

모두에게 한마디

평가용 스티커

재미있는 포스터 상

훈장

유아	초등학생(저)	초등학생(중)	초등학생(고)	중학생

No. **29**   ## 문제 해결하기   **30~60**분

> 자신의 문제를 어떻게 이해하고, 결과를 예측하며, 해결책을 제시하는지 문제해결 단계를 밟아 가면서 구체적인 기술을 배웁니다. 문제해결 단계에는 ① 문제 이해하기, ② 다양한 해결 방법 제시하기, ③ 각각의 결과를 예측하기, ④ 최적의 해결 방법 선택하기, ⑤ 연습해 보기가 있습니다. 몇 가지의 실제 문제를 제시하고 문제해결을 위한 사고방식을 몸에 익히도록 지도하는 것을 문제해결 훈련이라고 합니다. 아동과 함께 어려운 점, 과제에 대해 의논하고, 그것을 지도 목표로 세우는 것은 자기 이해에도 도움이 됩니다.

[목표] • 문제해결 사고방식 몸에 익히기

  (문제 이해하기, 다양한 해결법 생각하기, 결과 예측하기, 최적의 해결법 선택하기)

• 자신이나 또래의 구체적인 문제에 대해서 이해하고 대처하기

[준비물] 학습지 〈내가 어려워하는 것〉/게시물 〈문제 해결하기〉/학습지 〈문제 해결하기〉

[지도상 유의점] 우선 선생님이 어려워하는 것을 주제로 제시하고 대처해 나가도록 한 뒤, 2회 이후에는 아동에 관한 주제를 제시해도 좋을 것이다. 초등학교 저학년이나 중학년 때에는 지도자가 가르쳐야만 하는 주제를 선택하여, 문제점이나 적절한 기술이 발견되도록 단순한 장면을 시연하는 것이 좋다. 또한 저학년이나 중학년에서는 1, 2개 정도의 해결책을 제시하는 것이 좋다. 고학년이나 중학생의 경우에는 되도록이면 일상생활에서 아동이 어려워하는 점을 제공받고, 이것을 화제로 삼으면 좋다. 이 경우에는 그룹 안에서 서로 돕고 상대를 배려하는 분위기가 형성되어 있는 것이 전제가 된다.

지도의 전개

도입: 오늘의 주제에 대해서 설명한다.

"'문제 해결하기'의 시간에는 친구관계나 인간관계에서 어려운 점에 대해 토론하고 어떻게 해결하면 좋을지 생각해 보고자 합니다. 이번에는 B선생님이 힘들었던 장면을 주제로 하겠습니다."

시연: 나쁜 말을 들었던 장면을 제시한다.

A선생: "너 바보 아니야?" B선생: "……."(아무 말 하지 않고 아래를 본다.)

A선생: "에이, 바보." 집요하게 말한다. B선생: (아래를 보고 얼굴이 굳어진다.)

B선생님은 아무런 대꾸도 하지 못하고 계속해서 나쁜 말을 듣고 있는 장면을 제시한다.

기술의 교수: 상황 ⇒ 해결 방법 ⇒ 결과의 인과관계를 설명한다.

게시물 〈문제 해결하기〉의 '이런 경우?' 난에 "'바보 아니야?'라고 들었다.", '어떻게 할까?' 난에 "침묵한다.", '어떻게 될까?' 난에 "계속해서 듣게 된다."를 기입한다. 상황 ⇒ 해결 방법 ⇒ 결과의 흐름을 이해시킨다.

의논①: 해결 방법과 그에 따른 결과에 대해서 생각한다.

아동에게 어떻게 하면 좋을지 해결 방법을 생각하게 하고 의견을 듣는다. 의견은 '어떻게 할까?' 난에 기입한다.

"그럼 이번에는 각각의 방법으로 어떻게 될까요? 그 결과를 생각해 봅시다." 각각의 '어떻게 할까?'(해결 방법)에 대응하고 '어떻게 될까?'(결과)를 생각하게 하고 의견을 나누어 본다. 아동의 의견을 정리하여 각각 역할놀이를 하고, '어떻게 될까?'(결과)에 대해서 생각해 본다. 도출된 결과는 '어떻게 될까?' 난에 기입한다.

의논②: 최적의 해결 방법에 대해 이야기한다.

게시물 〈문제 해결하기〉를 보여 주면서 제일 좋은 결과가 동반되는 해결법에 대해 토론한다. 복수라도 좋다.

리허설: 역할놀이로 연습한다.

아동을 지명하고 적절한 해결법에 대해서 선생님을 상대로 역할놀이를 하도록 한다. 되도록 전원이 역할놀이를 해서 자기가 가능한 해결법을 연습하도록 한다.

> **일반화: '문제 해결하기'의 핸드북 작성과 숙제를 제시한다.**
> 동일한 체험을 하고 있는 아동의 에피소드를 들어본다. 여러 가지 에피소드에 대해서 어떻게 하면 좋을지, 이번 프로그램에서 제시된 해결 방법을 기본으로 함께 토론해 보아도 좋다. 마지막으로 이번 회의 적절한 해결법인 ① 어른에게 말하기, ② "나쁜 말 하지 마."라고 확실하게 말하기, ③ 무시하기를 강조하고 재교수한다.
> 숙제로 인간관계에서 힘들었던 것, 현재 어려운 점 등을 보호자와 함께 생각해 보도록 한다. 다음에는 아동이 화제 제공자가 되어 이 프로그램과 동일한 단계를 거쳐서 함께 생각하거나 적절한 해결 방법을 연습해 본다.
> 매번 학습지 〈문제 해결하기〉에 작성하고 수정하여 보관한다. 그리고 핸드북 〈문제 해결하기〉를 그룹에서 작성해도 좋다.

학습지 〈내가 어려워하는 것〉

지금까지의 인간관계나 친구관계에서 어려웠던 것을 생각하도록 한다.   (월   일)

친한 사람과 함께 생각해 보세요.   (이름:)

무엇이 어려웠나요?

자세한 에피소드

그때 당신은 어떻게 했나요?

학습지 〈문제 해결하기〉(게시물도 같은 양식)

어떻게 되었는가?(결과)

어떻게 하였나?

어떻게 하였나?

어떻게 되었나?

어떻게 하였는가?(과정방법)

어떻게 하였나?

어떻게 하였나?

어떻게 하였나?

어떤 일이 있었나?(상황)

함께하기 : 혼자서 해결할 수 없어서/혼자하기 어려워서/혼자하기 싫어서...

유아	초등학생(저)	초등학생(중)	초등학생(고)	중학생

No. **30**   # 의견 나누기   **30**분

> 중학생 단계가 되면, 토론 등에서 고도의 기술을 필요로 하게 됩니다. 이 프로그램에서는 '이유 말하기' '중요한 의견 우선하기'에 대해서 배우고자 합니다. 이유 생각하기, 의견의 우선순위 정하기라는 것을 필요로 하는 '무인도 SOS' 토론 게임을 시행합니다.

[목표] • 이유 말하기

          • 중요한 의견 우선하기

[게임] 게시물 〈무인도 SOS〉/학습지 〈무인도 SOS〉

[지도상 유의점] '이유 말하기'의 경우에는 자기가 꼭 하고 싶었기 때문이 아니라 상대가 수용할 수 있는 것이나 전체에 있어 합리적인 이유를 선택하는 것을 규칙으로 정한다. '중요한 의견 우선하기'를 위해서는 자신의 의견을 양보해야 할 경우가 있다. 이것이 가능한 경우를 채택하여 평가한다. 다른 토론의 기술이 가능해야 실시할 수 있는 프로그램이다.

[관련 프로그램] ← 제안하기 ← 잘 듣기 → 협력 기술 익히기

사회성 기술 지도에 사용되는 게임 43

무인도 SOS	대상: 중○ 고◎ 중학◎
	인원수: 3~20명 시간: 15분

목표 의견을 말하기/이유를 말하기/중요한 의견을 우선하기

방법 모두가 타고 있던 배가 난파되어 태평양 한가운데 있는 무인도에 고생 끝에 도착했다. 10분 후에 배가 침몰해 버린다. 배에 실려 있는 물건 5개만 들고 나올 수 있다. 무인도에서 살아남기 위해서는 어떠한 물건이 필요할까? 그룹별로 필요한 물건 5개와 그 이유도 토론해서 결정한다. 마지막에 답을 합의해 보아도 좋다.
예를 들면, '카메라 렌즈가 있으면 돋보기와 같이 햇빛을 이용해 불을 붙일 수 있다. 야외에서 성냥은 습기를 먹어 버리는 경우가 있다' '휴대폰은 무인도에서는 사용 불가능하다' '손전등, 나팔이 있으면 배가 가까이 왔을 때 구조를 요청할 수 있다' 등이다.

지도의 전개

도입: 오늘의 주제에 대해서 설명한다.

"지금까지 좋은 토론에 대해서 여러 가지를 공부했습니다." 지금까지의 토론 프로그램에 대해 회고한다. "이번에는 다수결이나 가위 바위 보로 결정하는 이외의 방법에 대해 배워 보고자 합니다."

시연: 잘 진행되지 않는 토론 장면을 제시한다.

"지금부터 A선생님과 B선생님이 어느 주스를 살 것인지 토론합니다. 이같은 경우에는 어떻게 결정하면 좋을지 생각해 보도록 하세요."

A: "나는 오렌지 주스가 마시고 싶은데, 어떻게 생각해?" B: "음, 그래. 넌 오렌지구나. 나는 콜라가 좋은데." A: "어렵네, 오렌지 주스로 안 할래?" B: "음~ 어떻게 하지?" A와 B: "이게 좋아." "아니야. 이것으로 하자." 이렇듯 결론이 나지 않는다.

제안하고 있는 상대방의 이야기를 잘 듣고 있는데 결론이 나지 않는다. 왜 결론이 나지 않는지, 어떻게 결정하면 좋을지 아동들에게 의견을 듣고 판서한다.

기술의 교수: '이유 말하기' '중요한 의견 우선하기'를 가르친다.

아동의 의견을 수렴하면서 '이유를 말하기' '중요한 의견을 우선하기'에 대해서 교수한다. 판서하거나 게시물에도 제시한다.

게임으로 실천: 무인도 SOS로 연습한다.

'무인도 SOS'를 토론 과제로 하여 실제로 연습한다. 게임의 포인트는 결정하는 것만이 아니라 '이유 말하기' '중요한 의견 우선하기'라는 것을 확인한다.

일반화: 이후의 지도로 연결해 나간다.

토론을 통해 다음 그룹 활동이나 소집단 지도 활동을 결정하도록 한다. 기회를 만들어 토론 과제를 많이 추가하고 그때마다 이 기술이 가능한지에 대해 피드백한다.

게시물 〈무인도 SOS〉

무인도 SOS

태평양의 한가운데 배가 난파되어 탑승객 모두 무인도에 표류되었다.

배는 10분 후에 침몰한다. 물건은 5개만 가지고 나올 수 있다.

무인도에서 무사히 살아남아 생환하기 위해서 필요한 것을 생각해 보자. 그리고 물건 목록에서 필요한 것을 5개 선택해 보자.

그 이유도 생각해 보자. (토론의 제한 시간은 10분)

물건 목록

- 펜과 노트
- 물(일주일 분)
- 담요(인원수 분)
- 도끼(2개)
- 카메라(남은 필름 수 20장)
- 게임기(건전지가 20시간 분)

- 손전등(건전지가 20시간 분)
- 초콜릿(500g)
- 성냥(100개)
- 나팔(1개)
- 휴대폰(건전지가 20시간 분)

- 수건(인원수 분)
- 우산(3개)
- 칼(2개)
- 냄비(1개)

학습지 〈무인도 SOS〉

무인도 SOS

<u>월　　일</u>

구성원 (　　　　　　　　) (　　　　　　　　　　) (　　　　　　　　　)
　　　 (　　　　　　　　) (　　　　　　　　　　) (　　　　　　　　　)

필요한 물건	필요한 이유
1	
2	
3	
4	
5	

물건 목록

　펜과 노트/손전등/수건/물/초콜릿/우산/담요

　성냥/칼/도끼/나팔/냄비/카메라/휴대폰/게임기

유아	초등학생(저)	초등학생(중)	초등학생(고)	중학생

No. **31**　　　　상대방의 기분 되어 보기　　　　30분~1시간

　　친구에게 공감하거나 협력할 때에 필요한 것이 '상대방의 입장에 서 보기'입니다. 일반적으로 초등학교 저학년 시기에는 타인의 입장에 서 보는 것이 가능합니다. 그러나 PDD 등의 아동은 상대방의 입장에 서 보는 것이 매우 어려울 수 있습니다. 다만 이런 아동도 중학생 정도의 연령이 되면 머리로는 이해를 하기 때문에 이때는 적극적으로 가르쳐 나갈 적령기이기도 합니다.

[목표] • 상대방의 기분이나 의도 생각하기(입장 알기/마음이론)

　　　　 • 상대방의 입장에 서서 말 걸기

[게임] 　블라인드 워크/레고 모양 전달

[준비물] • 안대 또는 밴드(인원 수 만큼)

[지도상 유의점] 　　지적 능력이 평균 수준인 중학생이라면 효과적인 프로그램이지만 초등학생이나 지적 능력이 낮은 아동(경계지능, 지적장애)에게는 배려가 필요하다. 초등학교 고학년이라면 블라인드 워크 대신에 레고 모양 전달 게임을 시행해도 좋다. 이런 아동에게는 블라인드 워크 전에 'ㅇ 걸음 앞으로 전진' '장애물이 있기 때문에 오른쪽으로 비켜라' '그대로 진행' 등 구체적으로 말해 주는 방법으로 연습하거나 '어깨 지지하기' '당기지 않기' 등과 같이 행동 레벨로 연습하는 것이 필요하다. 또한 블라인드 워크의 코스도 처음에는 교실 내에 간단하면서 안전한 곳에서부터, 엘리베이터나 계단을 사용하는 등 어려운 곳까지 아동의 상태에 따라 설정한다.

사회성 기술 지도에 사용되는 게임 44

블라인드 워크	대상: 고○ 중학◎
	인원수: 2~10명　　시간: 30분~1시간

목표 　상대방의 입장에 서 보기/말 걸기/타인에 대해서 신뢰감을 경험하기

방법 　짝을 이루고, 눈을 가리는 사람, 조력하는 사람을 결정한다. 눈을 가린 사람은 안대 등으로 눈을 가리고, 조력자는 눈을 가린 사람을 유도하면서 여러 가지 코스로 안내한다. 역할을 교대하면서 도중에 감상을 나누거나, 상대방의 좋은 점을 피드백하고 상대방의 입장에 서서 조력방법을 연구한다. 사람에게 의지하고, 의지할 수 있도록 해 주는 경험을 통해서 인간관계에서의 신뢰감을 형성하는 것이 또한 목표가 된다.

지도의 전개

도입: 블라인드 워크에 대해서 설명한다.

"오늘은 블라인드 워크를 해 보겠습니다. 이것은 시각장애인을 돌보는 사람을 위한 연수나, 회사 연수회에서 자주 사용하는 훈련입니다. 사람과의 관계에서 상대방의 기분이나 상대방의 입장에 서 보지 않으면 독불장군이 되거나 필요한 지원을 받지 못하기도 합니다. 예를 들면, 눈이 보이지 않는 사람에게 길을 안내할 때에는 어떻게 하면 좋을까요? 지금부터 선생님들이 하는 것을 보고, 무엇이 좋은지, 좋지 않은지 생각해 보도록 하세요."

시연: 블라인드 워크의 부적절한 모델을 제시한다.

두 명의 선생님이 블라인드 워크를 간단하게 시연한다. 그때에 유도하는 사람이 ① 말을 걸지 않기, ② 손을 당기지 않기, ③ 강하게 당겨서 가기 등 아동이 힘들어할 만한 모델을 보인다.

기술의 교수: 상대방의 입장에 서 보기의 포인트를 설명한다.

부적절한 시연을 통해 무엇에 주의해야만 하는지 아동의 의견을 듣고, 칠판에 쓴다. 아동의 의견을 나누면서 ① 상대방의 기분, 상대방에게 보이지 않는 것을 생각하기, ② 천천히 가기, ③ 상대방이 말하고 있는 것을 잘 듣기의 포인트를 설명한다. "상대방의 입장에서 말을 하세요. 눈을 가리면 책상이나 계단은 보이지 않기 때문에, 상대방이 보이지 않는 것, 무서워하고 있는 것을 확실하게 의식하세요. 상대방이 호소하는 것을 들으면서 도와주도록 하세요."

게임으로 실천: 블라인드 워크를 시행하고 반성해 본다.

블라인드 워크를 시행해 본다. 짝이 되어 처음으로 눈을 가리는 순서가 결정되면 안대를 각 짝에게 나누어 준다. 준비가 되면 다시 한 번 포인트를 교수한 후 시작한다. 짝으로 역할을 교대할 때, 전체로 감상을 나누거나 잘 된 사람에 대해서는 모두에게 소개를 하고 반성을 한다.

일반화: 일상생활 속에서도 상대방의 입장에 서 보는 것의 중요성을 교수한다.

작은 것이라도 상대방을 도와줄 때에는 '상대방의 입장에 서 보기' '상대방의 기분을 생각하기'가 중요하다는 것을 재교수한다. 상대방의 기분을 알지 못할 경우에는 솔직하게 상대방에게 어떻게 하면 좋을지 물어도 괜찮다는 것을 알린다.

그룹 활동 시에는 일상적으로 상대방의 기분이나 생각 등을 그때마다 피드백하고 주의하도록 지원한다.

| 유아 | 초등학생(저) | 초등학생(중) | 초등학생(고) | 중학생 |

No. 32   **상대방의 마음 읽기**   **50분**

> PDD 등의 아동은 표정이나 태도로 나타내는 의미를 적절하게 읽어 내는 것이 어렵습니다. 이 프로그램에서는 퀴즈를 통해 몸짓·표정·태도에서 상대방의 생각을 추리하는 연습을 합니다. 이 프로그램을 계기로 상대방의 생각이나 기분을 의식하여 친구와의 의사소통을 할 수 있도록 평소에도 지도합니다.

[목표]   • 상대방의 움직임에 주목하기

          • 상대방의 몸짓/표정/태도로부터 생각 추리하기

[게임]   추리! 거짓 진실 퀴즈/의심

[준비물]   추리! 거짓 진실 퀴즈 게임의 규칙표/학습지 〈상대방의 생각 추리〉

[지도상 유의점]   추리! 거짓 진실 퀴즈의 규칙이 복잡하기 때문에 규칙표를 제시하고 지도자가 시연하면서 설명한다. 134쪽에 게시한 규칙은 기본적인 것이기 때문에 득점 제도, '셀프 아웃(답은 알고 있지만 일부러 오답을 쓴다)'의 설명을 넣는 등 구성원에 따라 변화를 주어도 좋다.

[관련 프로그램]   ← 감정 맞히기 ← 상대의 기분 되어 보기 → 공감하기

지도의 전개

도입: 오늘의 주제에 대해서 설명한다.

"상대방이 무엇을 생각하고 있는지를 의식하고 사람과 관계하는 것은 중요합니다. 오늘은 퀴즈를 통해서 상대방의 생각을 추리해 보는 것을 연습합니다."

게임의 설명: 게임을 시연한다.

게임의 규칙이 복잡하기 때문에 규칙표를 제시하고 시연하면서 설명한다.

기술의 제시, 시연: 상대방의 몸짓, 표정, 모습에 주목한다.

"상대방이 생각하고 있는 것을 직접 눈으로 보는 것은 불가능합니다. 생각이나 기분을 추리하는 것은 상대의 '몸짓' '태도' '표정'에 주목하는 것이 중요합니다. 문제의 답에 자신이 있는 사람은 똑바로 앞을 보고 차분하지만, 자신이 없는 사람이나 불안한 사람은 아래를 보거나 주저주저하면서 불안해 보입니다." 사람의 그림과 말풍선을 판서하고 기분을 시각화해서 이미지한다.

게임으로 실천: 게임 중에 리허설과 피드백을 한다.

'아웃' '세이브'가 적중했을 경우, 어떤 점에서 알게 되었는지 물어보고 피드백한다.

정리: 프로그램 실천에 대해 반성한다.

"오늘은 상대방의 몸짓을 보고 그 사람의 생각을 추리하는 연습을 했습니다. 사람의 생각, 기분을 추리하는 것은 매우 어려운 것이지만, 퀴즈 이외의 경우에도 사람과 이야기를 하거나 무엇인가 할 때는 상대방의 몸짓이나 태도를 보고 상대방의 생각을 생각하면서 상호작용을 할 수 있다면 좋을 것입니다." 또한 언어에 담긴 의미는 그때의 상황이나 그 사람과의 관계, 말하는 방식, 표정에 따라 다른 경우가 있다는 것도 교수한다.

일반화: 학습지를 이용해서 일상생활에서 지도한다.

일상생활에서의 문제에 대해서 학습지 〈상대방의 생각 추리〉를 이용하면서 지도한다. 학습지는 '무슨 문제인가요?' '당신과 상대방은 무슨 생각인가요? 기분은 어떤가요?' '어떻게 하면 정답일까요?'의 세 가지 단계가 있고, 학생은 지도자와 함께 학습지에 기입한다. 프로그램에서 실시하는 것뿐만 아니라 일상적으로 일어나는 일을 통해서 '상대방의 생각, 기분'을 생각하게(또는 지도자가 생각) 하고 정착화를 도모한다.

사회성 기술 지도에 사용되는 게임 45

추리! 거짓 진실 퀴즈	대상: 고○ 중학◎
	인원수: 3~8명 시간: 30~40분

특징 상대방의 움직임에 주목하기/상대방의 몸짓·표정·태도에서부터 생각을 추리하기

규칙 출제자가 해답자가 퀴즈의 정답을 알고 있는지 아닌지 맞히는 게임이다.
① 한 사람씩 순서대로 출제자가 되고, 출제자는 퀴즈 하나를 뽑아 읽는다. 해답자는 출제자에게 보이지 않게 답을 해답지에 적는다. ② 출제자는 해답자가 바르게 답을 했는지 아닌지 추리하고 오답을 썼을 것 같은 사람을 가려낸다. ③ 출제자에게 '아웃'이라고 지목당한 사람은 답을 개시한다. '아웃'이라고 불린 사람이 오답이라면 출제자가 1점 득점하게 된다. ④ 전원이 정답을 알고 있다고 생각되면 출제자는 '세이브'라고 말한다. '세이브'라고 부르면 해답자는 전원 해답을 개시한다. 이 경우 전원이 정답이라면 출제자가 1점 득점하게 된다. ⑤ 만약 출제자의 '아웃' 또는 '세이브'가 틀리면 출제자를 교대한다. ⑥ 해답자는 일부러 틀린 답을 적어서 셀프 아웃을 해도 좋다. 일부러 오답을 쓴 경우는 해답지에 정답을 우선 써 두고 이중선으로 지운 다음 오답을 쓴다.

추리! 거짓 진실 퀴즈를 발전시켜서

퀴즈 문제는 지도자가 미리 준비해 두고 본 게임에서는 출제자에게 한 장씩 뽑게 하는 것이 기본 규칙이다. 업그레이드 버전으로 퀴즈를 아동에게 내게 하는 것도 좋다. 그때에는 '중학생의 80%'라고 한 것처럼, 일반 중학생의 80%가 정답 가능한 문제를 예상하게 하고 만들게 해도 좋다.

학습지 〈상대방의 생각 추리〉

상대방의 생각 추리

월   일 (이름:)

무슨 문제인가요?

누가?

언제?

어디서?

누구에게?

무엇을 했나?

어떻게 되었나?

보충

당신과 상대방은 무슨 생각인가요? 기분은 어떤가요?

자신

상대방

어떻게 하면 정답일까요?

유아	초등학생(저)	초등학생(중)	초등학생(고)	중학생

No. **33**　　　　　**공감하기**　　　　　**40**분

　　사춘기가 되어 또래관계를 돈독하게 하기 위해서는 '공감하기'라는 것이 중요합니다. 공감하는 기술에는 '자신의 기분' '타인의 기분'의 양쪽을 파악하는 능력이 필요합니다. 여기에서는 '온도계'를 이용하여 자신이나 친구의 기분을 시각화·수치화하고 구체적으로 이해하기 쉽도록 합니다. 그리고 퀴즈를 통해서 친구의 기분을 추측하고 공감하는 것을 체험하게 합니다.

[목표]　• 자신의 기분 파악하기

　　　　• 또래의 기분 추측하기

　　　　• 공감하기

[게임]　기분의 온도계 퀴즈

[준비물]　게시물 〈기분의 온도계〉/학습지 〈기분의 온도계 퀴즈〉

[지도상 유의점]　정서가 불안정한 학생은 자신의 부정적인 기분을 받아들이지 않고 거부해 버릴 가능성이 있기 때문에 '기쁘다' 등의 긍정적인 감정에 한정해서 시행하면 좋다. 부정적인 기분에 관한 것은 학생에 따라서는 좋지 않았던 에피소드를 떠올리게 되어 상처를 받는 경우가 있기 때문이다. 따라서 지도자나 참가자끼리의 신뢰관계를 충분히 구축한 후 도입하는 것이 바람직하다. 사전 규칙으로 또래의 에피소드나 감정에 대해서는 자신이 예상한 것과 달라도 긍정적인 말만 하도록 설명한다(p. 86 참조).

[관련 프로그램]　← 여러 가지 감정 조절하기 ← 감정 맞히기 ← 상대방의 기분 되어 보기

사회성 기술 지도에 사용되는 게임 46

기분의 온도계 퀴즈	대상: 고○　중학◎
	인원수: 3~10명　시간: 15~30분

목표　자신의 기분 파악하기/친구의 기분 추측하기/공감하기

출제자는 최근 있었던 에피소드와 그에 동반되는 기분을 파악하고 해답자는 출제자가 어느 정도 그 기분을 느끼는가를 0~100 사이에서 기분을 추측하는 퀴즈다.

방법　① 5개의 기분 시트(재밌다, 슬프다, 조급함, 걱정/불안, 창피함)에서 학생은 최근 느낀 기분을 선택한다. 그리고 그에 맞는 에피소드를 떠올리고 학습지에 기입한다. ② 한 사람씩 순서대로 출제자가 되어 그 에피소드와 기분의 종류를 발표한다. ② 나머지 사람은 해답자가 되고 에피소드를 듣고 그 사람의 기분 정도를 추측한다. ③ 질문 시간을 가지고 해답자는 출제자의 에피소드에 대해서 묻는다. ④ 함께 답을 한다. 그리고 지도자는 아동이 느끼는 방법에 대해서 공감적으로 다룬다.

지도의 전개

도입: 오늘의 주제에 대해서 설명한다.

"여러분은 공감이라고 하는 단어를 알고 있습니까? 공감이란 상대방과 자신이 같은 기분이 되는 것입니다. 오늘은 퀴즈를 통해서 공감하는 것에 대해 배웁니다."

기술의 교수: 기분의 온도계 사용법 설명한다.

"기분의 온도는 0~100℃의 온도계로 표시합니다. 예를 들면, 선생님은 친구가 '그 옷 예쁘네'라고 하면 기쁩니다. 어느 정도 기쁜가 하면 '70 정도'입니다." 게시물 〈기분의 온도계〉를 이용하고, 지도자가 출제자가 되어 시연하면서 규칙을 설명한다. 또한 실제 온도계의 눈금을 칠한다. 100℃가 비점이고 참을 수 없는(억누를 수 없다) 정도의 기분이라는 것, 10℃는 특별한 감정을 느끼지 않은 기분인 것 등 온도계의 기준을 설명한다.

게임으로 실천: 기분의 온도계 퀴즈 게임을 시행한다.

퀴즈를 실시한다. 퀴즈 중에는 "그 정도 화났구나……" 등 지도자는 사람에 따라서 느끼는 방법이 다른 것에 대해 존중하고 어떤 기분에서도 공감적으로 대한다.

정리: 기술의 중요성을 재교수한다.

"이번에는 게임을 통해서 사람의 기분 정도를 추측하는 연습을 해 보았습니다. 이 게임 외에도 사람과 이야기할 때에는 상대방의 기분은 어떨까를 생각하면서 상호작용하면 좋을 것입니다." 공감이라는 말을 잘 설명하고 그 필요성을 다시금 교수한다.

게시물 〈기분의 온도계〉

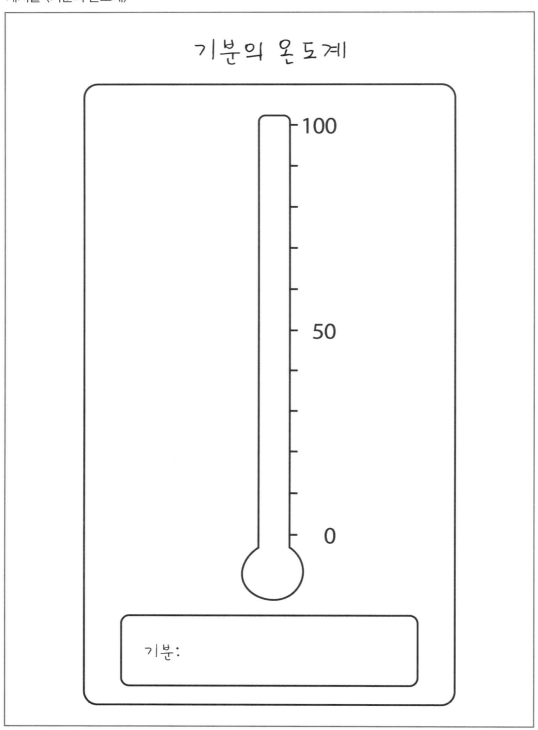

학습지 〈기분의 온도계 퀴즈〉

기분의 온도계 퀴즈

이름:

온도계

정말 많이 화나요.

100

50

0

기분

에피소드

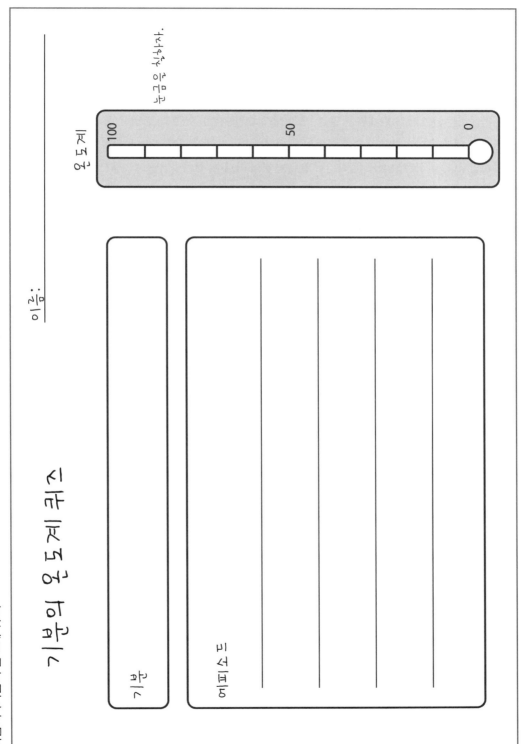

유아	초등학생(저)	초등학생(중)	초등학생(고)	중학생

No. **34**   스트레스 대처하기   **40**분

일반적으로 '스트레스'라고 말하는 것은 스트레스 요인과 스트레스 반응으로 나눌 수가 있습니다. 여기에서는 스트레스의 개념을 알고, '스트레스 요인(사건)' '스트레스 반응(몸과 마음)' '대처법'의 관계에 대해서 학습지나 토론을 통하여 배워 갑니다. 일련의 감정 조절에 관한 프로그램의 마지막 단계입니다. 이 프로그램은 한 학기로 끝내는 것이 아니라, 정기적인 프로그램으로 시행하거나 일상 생활 속에서 지속적으로 지도하는 것이 좋습니다.

[목표] • 스트레스 개념 알기

• 자신에게 알맞은 스트레스 대처방법 발견하기

[준비물] 학습지 〈스트레스 발견〉/학습지 〈스트레스 체크〉/게시물 〈스트레스 개념〉/게시물 〈대처법〉

[지도상 유의점] 자신의 감정에 대해 인지할 수 있는 아동에게 도입하는 프로그램이다. 우선 일련의 감정 조절 프로그램을 실시하고 감정 인지 능력을 길러 놓는 것이 필요하다. 지도자는 스트레스 관리의 방법을 배워 둘 필요가 있다. 스트레스 대처법의 지도에는 지도자의 '이것은 좋아'라는 실제적인 경험이 필요하다. 아동에게는 특정의 대처법을 가르쳐 주는 것이 아니라 자신에게 알맞은 것을 찾을 수 있도록 지도한다.

[관련 프로그램] ← 여러 가지 감정 조절하기 ← 감정 맞히기 ← 공감하기

지도의 전개

도입 및 교수: 스트레스의 개념에 대해서 설명한다.

"여러분은 스트레스라는 단어를 들어본 적이 있죠? 오늘은 스트레스의 개념과 대처를 잘하는 방법에는 어떤 것이 있는지에 대해서 배웁니다." "시험을 잘 보지 못했거나 사람들에게서 심한 말을 들었을 때 기분이 나빠집니다. 이런 것을 스트레스라고 합니다. 스트레스는 '사건'과 '몸과 마음'으로 나눌 수 있습니다. 사람은 누구라도 좋지 않은 사건이 일어나면 배가 아프거나 화가 나며 몸이 나빠집니다."
게시물 〈스트레스 개념〉을 이용해 지도자는 구체적인 에피소드를 교환하면서 설명한다.

리허설: 학습지 〈스트레스 발견〉으로 자신의 스트레스를 생각한다.

지도자의 예를 통해서 기입 방법을 표시한다. 아동에게 스트레스 요인(사건)과 그때의 스트레스 반응(몸과 마음)을 기술하고 몇 가지를 발표하도록 한다. 지도자는 아동의 이야기에 대해 "그것이 스트레스구나." "그런 일이 있었구나." 등과 같이 공감적인 반응을 한다.

교수: 스트레스 대처법에 대해서 설명한다.

"여러분이 발표한 것처럼 스트레스는 누구나 경험하는 것입니다. 그러나 스트레스를 알아차리지 못하고 그냥 방치해 둔다면 몸과 마음의 상태가 나빠집니다. 그렇게 되지 않기 위해서는 스트레스에 대처하는 것이 중요합니다. 함께 스트레스 대처법에 대해서 배워 봅시다."
게시물 〈스트레스 개념〉을 이용해 스트레스 대처법의 의의를 설명한다.
스트레스의 개념: 스트레스 요인(사건) → 스트레스 반응(몸과 마음) → 스트레스 대처 → 몸도 마음도 건강
다양한 스트레스 대처법에 대하여 게시물 〈대처법〉을 이용해 설명한다.

리허설: 함께 스트레스 대처법을 실천한다.

스트레스 대처법 '휴식 시간'을 함께 가진다. 대처법의 실천에 앞서 각자 학습지 〈스트레스 체크〉에 표시한다(1회).

정리, 일반화: 대처 후의 스트레스를 체크한 후, 자신에게 알맞은 대처법을 발견한다.

학습지를 이용해서 스트레스를 두 번째로 체크한 후 첫 번째의 결과와 비교한다. 감상을 듣고 긍정적으로 피드백한다. 이번에 실천한 대처법 이외에도 어떠한 대처법이 있는지 의견을 교환한다. 자신에게 맞는 스트레스 대처법을 해 나가도록 촉진한다. "이번에 연습한 것 이외에도 자신이 좋아하는 것을 하는 것도 대처법이 됩니다. 자신에게 맞는 스트레스 대처 방법을 찾도록 합시다." 숙제로 집에서도 자신에게 맞는 대처법을 실천하도록 촉구한다. 보호자와 함께 대처법을 공유하는 등 가정과 연계하는 지도가 필요하다.

학습지 〈스트레스 발견〉

스트레스 발견

월   일 (이름:)

스트레스는 '사건'과 '몸과 마음'으로 나뉩니다.
자신의 스트레스를 발견해 봅시다.

예) 사건

사람 앞에서 발표를 했다.

몸과 마음

두근두근, 긴장하고 진땀을 흘렸다.

사건

몸과 마음

학습지 〈스트레스 체크〉

(1회/2회)

스트레스 체크

월　　일 (이름:　　　　　　　　)

지금 당신의 몸과 마음은 어떻게 느끼고 있습니까?
알맞은 곳에 표시를 합니다.

몽롱한 느낌입니다.	−5　　　　0　　　　5	부드러운 느낌입니다.
초조해합니다.	−5　　　　0　　　　5	편안한 기분입니다.
안절부절못하는 기분입니다.	−5　　　　0　　　　5	느긋한 기분입니다.
무엇인가 걱정됩니다.	−5　　　　0　　　　5	안정된 기분입니다.
무엇인가 불만입니다.	−5　　　　0　　　　5	만족한 기분입니다.
몸이 묵직하고 무거운 느낌입니다.	−5　　　　0　　　　5	몸이 가볍고 깨끗합니다.
몸이 노곤한 느낌입니다.	−5　　　　0　　　　5	몸이 가볍고 상쾌합니다.
사람과 만나는 것이 싫습니다.	−5　　　　0　　　　5	누군가와 이야기하고 싶은 기분입니다.

게시물 〈스트레스 개념〉

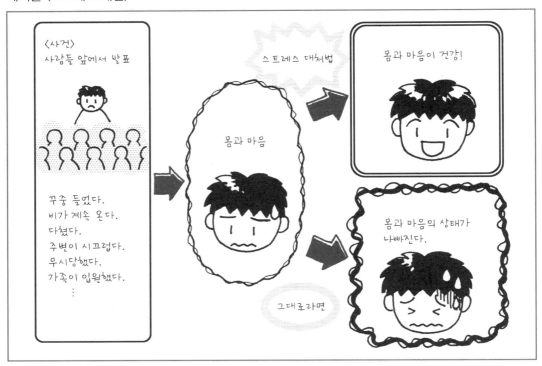

게시물 〈대처법〉

스트레스 대처법①	누군가와의 상담	대상: 유○ 저○ 중○ 고○ 중학◎

방법 초조해하는 것, 신경 쓰이는 것, 고민 등을 신뢰 가능한 사람(부모, 선생, 학교 상담사, 친구, 선배 등)에게 이야기한다. 다른 사람에게 말하면 조금 기분이 좋아진다.

스트레스 대처법②	마법의 호흡	대상: 고○ 중학◎

호흡법에 앞서 몸에 힘을 풀고 의자에 편하게 앉는다. 다음에는 양손을 배 위에 올리고 차분히 손의 따뜻함을 느낀다(10초간). 눈을 감을 때 따뜻함을 느끼기 쉬운 사람도 있다.

방법 지도자는 리듬(1초 1회 4번 손을 친다)에 맞추어 배가 불러오도록 코에서부터 천천히 호흡을 들이마신다. 한 순간 멈추고, 이번에는 입에서 조금씩 길게 숨을 뱉는다(동일하게 1초 1회 6번 손 박자). 이때 몸의 답답했던 느낌이 밖으로 나가는 듯한 느낌으로 숨을 뱉도록 교수한다. 이 동작을 몇 번 반복한다. 이후 각자 연습한다. 지도자는 개별로 불러서 방법을 가르친다. 긴장할 때(시험이나 시합 전 등)에도 이용할 수 있음을 알린다.

스트레스 대처법③	마법의 수	대상: 유○ 저○ 중○ 고○ 중학◎

방법 좋지 않은 일, 짜증나는 일이 있었을 때에 천천히 1부터 10까지 센다. 천천히 수를 세는 것으로 안정되고 친구들끼리의 싸움이 줄어드는 등의 이점이 있다.

스트레스 대처법④	휴식 시간	대상: 유◎ 저◎ 중◎ 고◎ 중학◎

방법 지도 전에 3~5분, 힐링 음악 등을 틀고 각각 조용히 보낸다. 눈을 감거나 안정을 취하거나 위의 호흡법을 하는 등 마음도 몸도 편안히 하는 시간을 갖는다. 이러한 시간을 가지는 것으로 집중해서 활동하거나 공부를 할 수 있다는 효과를 전한다.

스트레스 대처법⑤	좋아하는 것을 하는 시간	대상: 중○ 고◎ 중학◎

방법 노래방, 목욕, 그림 그리기, 좋아하는 만화 읽기 등 좋아하는 일을 해서 고민이나 신경 쓰이는 것으로부터 주의를 분산시킨다. 조금이라도 고민 등에서 해방되는 것이 중요하다. 또한 기분 전환을 통해 기분이 조금이라도 좋아졌을 때 고민에 대해 생각하는 것이 좋다는 사실을 전한다.

스트레스 대처법⑥	초조함을 날리는 방법	대상: 유◎ 저◎ 중◎ 고○ 중학◎

방법 베개를 친다, 큰 소리를 낸다, 싫은 것을 종이에 적어 쓰레기통에 넣는다, 싫은 것을 칠판에 적어 물건을 던지는 등의 방법으로 초조함을 날려 버린다. 언제 어디서 해도 괜찮은 것은 아니며, 장소나 물건을 한정하여 그 이외에는 하지 않도록 아동 본인과 약속한다. 그리고 이것이 가능한 장소를 확보하는 것이 중요하다.

유아	초등학생(저)	초등학생(중)	초등학생(고)	중학생

No. 35
상식과 비상식 알기
40분

> PDD 등의 아동은 사람이 당연하다고 생각하는 것, 암묵적 규칙이나 매너에 신경 쓰기 힘들어 비상식적인 행동을 하기 쉽습니다. 여기서는 학습지 〈상식·비상식〉을 기본으로 그룹 토론을 하면서 상식이나 비상식에 대해서 배웁니다. 단순한 규칙이나 매너를 배우는 것이 아니라 이유에 대해서도 생각하도록 하여, 그 필요성을 의식할 수 있게 합니다.

[목표]
 • 상식·비상식에 대한 개념 알기
 • 상식·비상식 변별하기

[준비물] 학습지 〈상식·비상식〉

[지도상 유의점] 학생의 인지 특성이나 연령에 따라서 학습지의 항목, 표현 등을 보다 구체적으로 하는 등 배려가 필요하다. 인지 능력이 낮은 학생이나 PDD 등의 학생은 사회 전체의 매너보다도 학급의 매너나 그룹의 매너와 같이 가까운 것을 주제로 하여 다룹니다.

[관련 프로그램] ← 문제 해결하기 → 대화 매너 익히기

지도의 전개

> **도입: 상식·비상식에 대해서 설명한다.**
> "오늘은 상식·비상식에 대해서 배웁니다. 상식이란 누구라도 알아야 할 것으로, 모른다면 상대방의 기분을 나쁘게 하거나 주위 사람에게 폐를 끼치게 됩니다."
> 상식이나 비상식에 대해서 지도자의 체험 등을 나누면서 설명한다.

> **리허설: 학습지로 상식·비상식을 변별해 본다.**
> 한 사람 한 사람 학습지 〈상식·비상식〉을 해 본다.

> **토론: 학습지를 기본으로 상식·비상식을 토론한다.**
> '상식·비상식'에 대하여 토론한다. 이유나 어떤 경우라면 괜찮은지 등에 대해서도 지도자를 바꿔 가면서 토의한다.

> **정리와 일반화: 이후의 지도로 연결한다.**
> "이번에는 상식·비상식에 대해서 배워 보았습니다. 주위의 사람에게 폐를 끼치지 않고 자신도 기분 좋게 지내기 위해서는 상식·비상식을 생각해서 행동하는 것, 즉 매너를 지키는 것이 중요합니다."
> 이후의 지도에서 기회를 보고 "매너가 확실하네." "매너 위반이야." 등과 같이 그때마다 피드백한다. 가정에서도 상식·비상식이나 매너에 대해서 의식할 수 있도록 보호자에게 알린다.

학습지 〈상식 · 비상식〉

이건 상식? 비상식?

이름: _____

사회에는 상식 · 비상식이 있습니다. 다음에 대해서 생각해 봅시다.

① 전철 안에서 휴대폰 통화를 하는 것은?   (상식 · 비상식)

이유 ⟹ _____

어떤 경우라면 OK? ⟹ _____

② 사람과 이야기할 때 50센티미터 이내로 가까이 가는 것은?   (상식 · 비상식)

이유 ⟹ _____

어떤 경우라면 OK? ⟹ _____

③ 폭력으로 되갚아 주는(보복하는) 것은?   (상식 · 비상식)

이유 ⟹ _____

어떤 경우라면 OK? ⟹ _____

④ 사람 앞에서 코를 후비거나 방귀를 끼는 것은?   (상식 · 비상식)

이유 ⟹ _____

어떤 경우라면 OK? ⟹ _____

⑤ 연상의 사람에게 정중하게 말을 하는 것은?   (상식 · 비상식)

이유 ⟹ _____

어떤 경우라면 OK? ⟹ _____

⑥ 여성에게 연령을 묻는 것은?   (상식 · 비상식)

이유 ⟹ _____

어떤 경우라면 OK? ⟹ _____

유아	초등학생(저)	초등학생(중)	초등학생(고)	중학생

No. 36   대화 매너 익히기   60분

> 사람과의 관계에서는 대화 매너가 있습니다. 일방적으로 자신의 화제만을 이야기하거나 상대방의 이야기에 관심을 보이지 않는 등 대화의 매너를 모르는 것은 상대방에게 불쾌한 생각을 하게 만들고, 인간관계가 유지되지 못하는 원인이 되기도 합니다. 여기에서는 이러한 매너와 매너가 필요한 이유에 대해서 시연이나 토론을 통하여 배웁니다. 그 후 그룹의 친구들과 다과회를 가지고 재미있는 시간을 보내면서 매너를 지키는 연습을 합니다.

[목표] • 대화 매너를 구체적으로 알기

• 매너를 의식해서 대화하기

[준비물] 학습지 〈매너 위반 찾기〉/학습지 〈다과회 반성〉

[지도상 유의점] 실제로 패스트푸드점이나 커피숍 등에 그룹과 지도자가 함께 나가서 차를 마시면서 매너 연습을 하면 좋다. 매너는 아동의 특성이나 문제에 따라 달라진다. '공통의 화제로 이야기를 하기' '혼자서만 이야기하지 않기' '큰 소리로 말하지 않기' '혼자서 휴대폰 게임을 하지 않기' 등 구체적인 행동으로서 규칙화하고 아동에게 맞추어 지도를 하면 좋을 것이다.

[관련 프로그램] ← 잘 듣기 ← 나와 상대방의 공통점 찾기 ← 친구 알기 ← 상식과 비상식 알기

지도의 전개

도입: 오늘의 주제에 대해서 설명한다.

"오늘은 다과회를 합니다. 함께 이야기하거나 차를 마시면서 즐겁게 보내도록 합시다. 다만 재미있는 다과회를 보내기 위해서, 몇 가지 대화 매너에 대해서 공부하고자 합니다."

매너라는 용어를 모르는 아동이 있다면 구체적으로 설명한다.

시연과 토론: 다과회에서의 대화 장면을 보여 준다.

"선생님이 대화 매너에 관해서 시연을 해 봅니다. 무엇을 하지 말아야 했는지 생각해 봅시다."

A선생: "어제 프로레슬링 봤니? 재미있어서~" B선생: "새롭게 발매된 딸기초코에 빠져 있는데……."

이와 같이 화제가 달라서 대화가 맞물리지 않는 장면을 지도자가 보여 준다. 무엇이 문제였는지를 아동이 생각하게 하고 의견을 듣는다.

또한 학습지 〈매너 위반 찾기〉를 기본으로 대화의 매너에 대해서 토론한다.

'공통의 화제로 이야기하기' '혼자서만 이야기하지 않기' '저급한 이야기는 하지 않기'의 포인트에 대해 정리해서 교수한다.

기술의 교수: 대화의 매너에 대해서 확인한다.

아동의 의견을 수렴하면서 대화 매너의 포인트인 '공통의 화제로 이야기하기' '혼자서만 이야기하지 않기' '저급한 이야기는 하지 않기'를 교수한다.

리허설: 다과회를 실천한다.

그룹 지도 교실, 공원, 패스트푸드나 커피숍 등에서 다과회를 실시한다.

정리: 학습지를 이용해 자기평가, 중간평가를 시행한다.

학습지를 이용해 다과회에 대해서 반성한다. 그 후 아동끼리 대화의 매너가 이루어졌는지 아닌지를 피드백한다. 이때 친구의 평가는 긍정적인 것이 되도록 지도자가 배려한다.

"대화의 매너는 사람과 잘 사귀는 데 있어서 중요한 기술입니다. 대화가 잘 되면 재미있고 기분이 좋겠지요. 지금부터 사람과 대화를 할 때에는 오늘 배운 포인트를 떠올리면서 해 보도록 합시다."

학습지 〈매너 위반 찾기〉

학습지 〈다과회 반성〉

다과회 반성

<u>　　　　</u>월<u>　　　</u>일 이름:<u>　　　　　　　　　　　</u>

자기평가

① 친구와 공통의 화제로 이야기했습니까? 무슨 화제가 나왔습니까?

　학교에 대한 것　　　취미　　　텔레비전　　　만화　　　스포츠　　　인터넷

　게임　　　개그　　　그 외(　　　　　　　　　　　　　　　　　　　　　　)

② 자신의 이야기만 하지 않았습니까?

　　　　⇨ 잘했다　　•　　어려웠다

③ 저급한 이야기 등 사람들이 싫어하는 이야기는 하지 않았습니까?

　　　　⇨ 잘했다　　•　　어려웠다

감상

| |
| |
| |

친구 (　　　　　　　　)의 평가

① 친구와 공통의 화제로 이야기했습니까? 무슨 화제가 나왔습니까?

　학교에 대한 것　　　취미　　　텔레비전　　　만화　　　스포츠　　　인터넷

　게임　　　개그　　　그 외(　　　　　　　　　　　　　　　　　　　　　　)

② 자신의 이야기만 하지 않았습니까?

　　　　⇨ 잘했다　　•　　어려웠다

③ 저급한 이야기 등 사람들이 싫어하는 이야기는 하지 않았습니까?

　　　　⇨ 잘했다　　•　　어려웠다

152

유아	초등학생(저)	초등학생(중)	초등학생(고)	중학생

No. 37 　　　　　　 **협력 기술 익히기** 　　　　　 60분

> 　외출, 조리, 프리마켓 출점 등의 기획 · 운영을 통해서 토의하거나, 역할을 결정해서 해 보는 경험을 합니다. 이것은 토론하는 기술이나 협력하는 기술 등 고도의 능력을 필요로 하는 프로그램입니다. 따라서 처음부터 마지막까지 친구끼리 협력하고 해내는 것으로 달성감을 맛볼 수 있을 것입니다.

[목표] • 친구와 협력하기

　　　• 친구와 협조적으로 토론하기

　　　• 계획을 세우고 역할을 분담하며 책임감 가지기

[이벤트의 예] 　게임/외출/조리/프리마켓 출점의 기획 · 운영

[준비물] 　학습지 〈중학생 프로듀서〉

[지도상 유의점] 　'토론' '협력'에 관한 기술 등이 어느 정도 몸에 익은 후에 실시하는 것이 바람직하다. 기획 · 운영을 할 때에는 전체의 흐름을 도식화하고 예측하면 좋을 것이다.

[관련 프로그램] 　← 토론 프로그램 ← 협력 프로그램

학습지 〈중학생 프로듀서〉

중학생 프로듀서!

게임명: _____

어떤 게임인가요?

역할	담당자	내용

지도의 전개

도입: 다음 지도에서 시행 할 게임에 대하여 설명한다.

"다음 지도 시간에 무엇을 해서 재미있게 보낼지 토론해서 결정합시다."라고 시간 배분이나 이용할 수 있는 장소에 대해서 설명한다.

⬇

토론: 주제, 역할, 준비물을 정한다.

함께 토론한다. ① 주제, ② 방법·규칙 설명, ③ 역할 결정에 대해서 학습지를 이용하면서 결정한다. 필요에 따라서 토론이 자연스럽게 이루어지도록 몇몇의 그룹이나 짝으로 나누어 토론을 해도 좋다.

⬇

준비: 규칙표를 만들고 준비한 후, 실제 같은 연습을 한다.

각자 역할에 따라 준비한다. 그 후 실제로 하는 것처럼 리허설한다. 지도자는 규칙의 알기 쉬운 정도, 실시의 용이함 등을 체크하고 수정을 요구한다. 아동의 불안, 걱정거리에 대하여 세심하게 대응한다.

⬇

'토론' '준비'의 다음 주 회기에 게임을 시행한다.

준비한 것에 기초하여 게임을 실시한다.

⬇

피드백: 서로 평가한다.

실시 후 전체적으로 서로 좋았던 점, 열심히 한 점을 확인한다. 이때 친구에게도 긍정적인 피드백이 나올 수 있도록 배려한다. 결과만이 아니라 연습이나 토론의 과정에 대해서도 긍정적으로 평가한다. 함께 무엇을 할 때에는 서로 협력하고 역할을 정확히 이행하는 것, 어떤 경우에는 타협이 중요하다는 사실을 가르친다.

유아	초등학생(저)	초등학생(중)	초등학생(고)	중학생

No. **38**   **감사 표현하기**   **30분**

상대방에게 감사를 표현하는 것은 서로 돕는 친구관계를 만들기 위해서 중요한 기술입니다. 감사하는 행동은 부끄러워하기 쉽고, 실제로는 하기 어려운 것입니다. 이 프로그램은 그룹 활동의 마지막 시기, 헤어지는 시기에 시행하면 좋을 것입니다. 지금까지의 또래관계를 되돌아보고, 또한 친구에게 긍정적 평가를 받고 자기수용을 한다는 의미도 가지고 있습니다.

[목표] • 친구와의 사건 회고하기
          • 친구에게 긍정적 메시지 보내기
          • 친구에게 평가를 받고 자신의 평가 수용하기

[게임]   동시 감사 게임

[준비물]   학습지 〈감사 카드〉

[지도상 유의점]   초등학생이나 고기능자폐증 아동의 경우, 감사라는 추상어의 이미지가 떠오르지 않는 경우가 있다. 구체적으로 상대방에게 "고마워."라고 하는 말을 전하는 것을 의식시킨다. 그룹의 또래관계에서 안심감이나 신뢰감을 느끼지 못하는 아동에게는 적용할 수 없는 프로그램이다. 그룹 활동의 장소, 친구 경험이 긍정적인 것이 되도록 평소에 배려하는 것이 매우 중요하다.

사회성 기술 지도에 사용되는 게임 47

동시 감사 게임	대상: 중○ 고◎ 중학◎
	인원수: 4~10명 시간: 15~30분

목표	감사 표현하기/친구와의 체험을 되새기기/친구에게 평가를 받고 자기수용하기

규칙   그룹의 친구 한 사람 한 사람에 대해서 지금까지의 활동을 되돌아보고, 감사의 말을 생각하고 감사 카드에 기입한다. 감사의 말을 들은 사람이 한 사람씩 앞으로 나와, 다른 친구가 다 함께 목소리를 맞추어 "○○해서 고마워."라고 감사를 표현한다. 감사의 말을 들은 사람은 감사의 말이 무엇인지 맞히고, 맞힌 사람은 감사 카드를 증정하고 빠진다. 부끄러워할지도 모르는 프로그램이기 때문에 감사의 말보다는 모두에게 몇 번이나 말을 들었는지에 초점을 맞춘다.

지도의 전개

도입: 감사 카드에 기입한다.
"그룹 활동도 다음 몇 회로 끝납니다. 오늘은 그룹의 친구에 대해서 '고마워'라는 감정을 전해 보려고 합니다. 그룹의 친구에 대해 떠올리고 감사 카드를 만들어 봅시다."
학습지 〈감사 카드〉를 나누고 친구들에 대한 메시지를 생각한다.

교수: 감사하는 것의 의의를 설명한다.
"친구나 가족 등 친한 사람에게 '고마워'라고 감사의 말을 하는 것은 매우 부끄럽고 창피하죠. 그래도 감사의 마음을 전하면 사람은 안심하고 기분이 매우 좋아집니다."
상대방의 기분, 자신의 말을 칠판에 써서 시각적으로 감정을 이해시킨다.

게임으로 실천: 동시 감사 게임을 시행한다.
"성덕태자는 한 번에 10명의 사람이 말하는 것을 다 알아들었다고 말합니다만 이번에는 동시에 함께 감사의 말을 전해 보도록 합시다. 어느 정도 감사의 말을 알아들었나요?" 게임의 규칙을 설명하고 시행한다.

피드백: 게임 중에 감사를 받은 사람을 평가한다.
감사의 말을 표현한 사람보다 감사의 말을 들은 사람에 대해서 "착한 일을 해서 감사 인사를 받았구나." 등과 같이 피드백한다. 지도자의 코멘트를 전해도 좋다.

일반화: 감사의 의의에 대해서 교수하고 가정에서 대처한다.
다시 한 번 감사의 말을 표현하는 것의 의의에 대해서 교수한다. 자신이 감사의 말을 들은 경험, 감사의 말을 전한 경험 등을 발표하고 토론한다. 가정에서도 보호자가 "도와줘서 고마워." 등과 같이 아동에게 감사를 표현하도록 하고, 보호자가 '감사하기' 모델이 되어 준다.

학습지 〈감사 카드〉

_____ 에게
_____
_____ 해서 고마워.
_____ (이)가

부 록

| 지도를 위한 | 사회성 기술 척도 (초등학생용) |

  이 척도는 사회성에 어려움을 가진 아동을 지도할 때에 목표가 되는 기술을 특정화하기 위한 것입니다. 아동의 생활연령이나 특성에 따라 지도해야 하는 기술은 다릅니다. 이 척도에서 어려운 기술이 몇 가지 특정되면, 다음 단계로 대상아동의 사회 적응에 도움이 되는 것을 선택해 갈 필요가 있습니다. 지도할 때는 대상아동에 따라 중요한 기술을 한두 개로 한정 지어서 지도하는 것을 권장합니다.

  대상아동을 평소 자주 관찰하는 담임선생님, 지도기관의 지도자 또는 그에 준하는 분이 이 척도를 사용해서 아동을 평가하는 것이 가능합니다. 만약 교육에 종사하는 사람이라도 아동과 접한 기간이 짧은 경우에는 실시하지 않도록 해 주시기 바랍니다. 지도기관만이 아니라 재적학급 등에서의 아동 상태에 대해 담임선생님에게도 평가를 받는 등, 다면적으로 아동의 상태를 파악하는 것이 좋습니다.

이름 _____ (남/여)   평가 목적 _____

소속 _____   평가자 _____

학년 _____   기입일 _____ 년 ___ 월 ___ 일

하위 기술	영역 점수	평가점	1	2	3	4	5	6	7	8	9	10	11	12	13	14	15
집단행동	syu		•	•	•	•	•	•	•	•	•	•	•	•	•	•	•
자기조절 기술	se		•	•	•	•	•	•	•	•	•	•	•	•	•	•	•
또래관계 기술	na		•	•	•	•	•	•	•	•	•	•	•	•	•	•	•
커뮤니케이션 기술	co		•	•	•	•	•	•	•	•	•	•	•	•	•	•	•

[실시방법]

① 처음에는 아동의 이름, 학년, 성별, 평가 목적 등을 기입합니다.

② 각 항목에 대해서 '0: 그렇지 않다' '1: 그다지 그렇지 않다' '2: 약간 그렇다' '3: 그렇다'의 4단계로 평정합니다. 구체적으로 파악할 수 없는 항목에 대해서 억측으로 평정하는 것은 피하도록 합시다. 행동관찰 등의 정보 수집을 한 후 평가하고 고치도록 합시다.

③ '집단행동' '자기조절 기술' '또래관계 기술' '커뮤니케이션 기술' 각각의 항목 점수를 합계하고 영역 점수를 내도록 합니다. 영역 점수를 낼 때에는 잔여 항목(색깔이 칠해진 칸)의 득점은 계산에서 빼고 산출하도록 합니다.

④ 영역 점수가 나오면 환산표(아래표)에 제시된 평가점으로 환산합니다. 평가점은 그 동일 학년 집단에 있어 대상학생이 어느 위치에 있는지를 나타내는 것입니다. 평균은 10, 1표준편차는 3입니다.

[환산표]

초등학생 남아의 영역 점수 합계와 평가점으로의 환산표

평가점	저학년 남아(1, 2년)				평가점	중학년 남아(3, 4년)				평가점	고학년 남아(5, 6년)				평가점
	집단행동	자기조절	또래관계	커뮤니케이션		집단행동	자기조절	또래관계	커뮤니케이션		집단행동	자기조절	또래관계	커뮤니케이션	
1	0–11	0–2	0–9	0–1	1	0–11	0	0–7	0–2	1	0–17	0–3	0–8	0–3	1
2	12–14	3–4	10–11	2	2	12–13	1	8–9	3–4	2	18–19	4–5	9–10	4	2
3	15–16	5	12	3–4	3	14–16	2–3	10–11	5	3	20–22	6–7	11–12	5–6	3
4	17–19	6–7	13–14	5–6	4	17–19	4–5	12–13	6–7	4	23–25	8	13–14	7–8	4
5	20–22	8–9	15	7	5	20–22	6–7	14	8–9	5	26–27	9–10	15	9	5
6	23–25	10	16–17	8–9	6	23–25	8–9	15–16	10	6	28–30	11–12	16–17	10–11	6
7	26–27	11–12	18–19	10–11	7	26–28	10–11	17–18	11–12	7	31–32	13–14	18–19	12–13	7
8	28–30	13–14	20	12–13	8	29–31	12	19–20	13–14	8	33–35	15	20–21	14	8
9	31–33	15	21–22	14	9	32–34	13–14	21–22	15	9	36–38	16–17	22–23	15–16	9
10	34–36	16–17	23	15–16	10	35–36	15–16	23	16–17	10	39–40	18–19	24	17–18	10
11	37–38	18	24–25	17–18	11	37–39	17–18	24–25	18	11	41–43	20	25–26	19–20	11
12	39–41	19–20	26–27	19	12	40–42	19–20	26–27	19–20	12	44–45	21–22	27–28	21	12
13	42–44	21–22	28	20–21	13	43–45	21–22	28–29	21–22	13	46–48	23–24	29–30	22–23	13
14	45–47	23	29–30	22–23	14	46–48	23	30	23	14				24	14
15	48	24		24	15		24		24	15					15

초등학생 여아의 영역 점수 합계와 평가점으로의 환산표

평가점	저학년 여아(1, 2년)				평가점	중학년 여아(3, 4년)				평가점	고학년 여아(5, 6년)				평가점
	집단행동	자기조절	또래관계	커뮤니케이션		집단행동	자기조절	또래관계	커뮤니케이션		집단행동	자기조절	또래관계	커뮤니케이션	
1	1-17	0-8	0-8	0-3	1	0-19	0-5	0-8	0-3	1	0-18	0-6	0-8	0-3	1
2	18-20	9	9-10	4-5	2	20-22	6	9-10	4-5	2	19-21	7	9-10	4-5	2
3	21-22	10	11-12	6	3	23-24	7-8	11-12	6-7	3	22-24	8-9	11-12	6	3
4	23-25	11-12	13-14	7-8	4	25-27	9-10	13-14	8	4	25-26	10-11	13-14	7-8	4
5	26-27	13	15	9-10	5	28-29	11	15	9-10	5	27-29	12	15-16	9-10	5
6	28-30	14	16-17	11	6	30-31	12-13	16-17	11	6	30-32	13-14	17	11-12	6
7	31-33	15-16	18-19	12-13	7	32-34	14-15	18-19	12-13	7	33-34	15	18-19	13-14	7
8	34-35	17	20-21	14-15	8	35-36	16	20	14-15	8	35-37	16-17	20-21	15	8
9	36-38	18-19	22-23	16	9	37-39	17-18	21-22	16	9	38-39	18-19	22-23	16-17	9
10	39-40	20	24	17-18	10	40-41	19-20	23-24	17-18	10	40-42	20	24-25	18-19	10
11	41-43	21	25-26	19-20	11	42-44	21	25-26	19-20	11	43-45	21-22	26-27	20-21	11
12	44-45	22-23	27-28	21	12	45-46	22-23	27	21	12	46-47	23	28	22	12
13	46-48	24	29-30	22-23	13	47-48	24	28-29	22-23	13	48	24	29-30	23-24	13
14				24	14			30	24	14					14

[척도]

집단행동

	그렇지 않다	그다지 그렇지 않다	약간 그렇다	그렇다	syu 영역 점수
[대인 매너]					비고
다른 사람에게 좋은 것을 받았을 때 '고마워'라고 말하며 감사한다.	0	1	2	3	
하면 안 되는 일을 했다면 '미안합니다' 등과 같이 사과한다.	0	1	2	3	
상황에 알맞은 적절한 언어 사용이 가능하다(어른에게 경어를 사용한다, 모르는 사람에게 허물없는 말투를 사용하지 않는다 등).	0	1	2	3	
다른 사람의 물건을 빌릴 때는 제대로 양해를 구할 수 있다.	0	1	2	3	
사람들 앞에서 이상한 행동을 하지 않는다(혼자서 중얼 거리기, 몸을 비비꼬기, 코 파기, 이상한 소리 내기 등).	0	1	2	3	
약속 시간을 지킨다.	0	1	2	3	
[상황 이해 · 마음이론]					비고
현장의 분위기를 느낄 수 있다(긴장감이나 정숙, 느긋한 느낌 등).	0	1	2	3	
다음 활동으로 자연스럽게 옮길 수 있다.	0	1	2	3	
자신이 한 행동을 반성할 수 있다.	0	1	2	3	
상대의 표정 변화를 알아차릴 수 있다(미소 짓는 얼굴, 무서운 얼굴, 긴장한 얼굴 등).	0	1	2	3	
상대의 기분을 이해할 수 있다(기뻐하고 있다, 슬퍼하고 있다, 화내고 있다 등).	0	1	2	3	
[집단 참가]					비고
그룹 활동이나 학급 활동에 참가한다.	0	1	2	3	
도중에 빠지거나 그만두지 않고 친구와 놀이를 지속할 수 있다.	0	1	2	3	
상대의 이야기가 끝날 때까지 듣고 난 후 이야기할 수 있다.	0	1	2	3	
집단에서 놀이를 할 때 게임의 규칙을 이해할 수 있다.	0	1	2	3	
게임 등의 순서를 지키는 것이 가능하다.	0	1	2	3	
주어진 규칙에 따라 게임에 참가할 수 있다(반칙하지 않기, 규칙을 함부로 바꾸지 않기 등).	0	1	2	3	
[역할 수행]					비고
친구끼리 결정한 규칙 · 결정을 지킨다.	0	1	2	3	
담당한 일을 완수해 낼 수 있다.	0	1	2	3	
친구와 협력하면서 일(또는 과제)을 수행할 수 있다.	0	1	2	3	

자기조절 기술

	그렇지 않다	그다지 그렇지 않다	약간 그렇다	그렇다	se 영역 점수
[감정 조절]					비고
게임 등의 승패에서 자신의 패배를 인정할 수 있다.	0	1	2	3	
좋지 않은 일이 있어도 난폭한 행동은 하지 않는다(사람을 때리거나 물건을 던지는 등).	0	1	2	3	
좋지 않은 일이 있어도 사람을 비난하거나 소리 지르지 않는다.	0	1	2	3	
친구가 싫어하는 것은 말하지 않는다.	0	1	2	3	
감정적이 되어도 기분을 잘 전환한다.	0	1	2	3	
[행동 조절]					비고
수업 중, 마음대로 자리를 뜨거나 안절부절못하지 않고, 몸을 움직이지 않으며, 의자에 앉아 있을 수 있다.	0	1	2	3	
수업 중, 두리번거리거나 멍하니 있지 않고 이야기를 들을 수 있다.	0	1	2	3	
수업 중, 관계가 없는 소리나 타인의 행동에 주의를 기울이지 않는다.	0	1	2	3	
수업 중, 떠들거나 장난치지 않고 주의를 집중한다.	0	1	2	3	
행동하기 전에 먼저 곰곰이 생각한다(충동적으로 행동하지 않는다).	0	1	2	3	

또래관계 기술

na 영역 점수

[또래관계의 시작]					비고
아는 사람에게 인사할 수 있다.	0	1	2	3	
사람과 시선을 맞추어 이야기를 할 수 있다.	0	1	2	3	
또래나 친한 사람에게 미소 지을 수 있다.	0	1	2	3	
머뭇거리지 않고 친구에게 말을 걸 수 있다.	0	1	2	3	
또래를 놀이에 초대할 수 있다.	0	1	2	3	
놀고 있는 친구에게 함께 놀자고 먼저 다가갈 수 있다.	0	1	2	3	
[또래관계의 유지]					비고
또래와 대화를 이어 갈 수 있다.	0	1	2	3	
또래와 농담을 서로 나눌 수 있다.	0	1	2	3	
또래와 사이좋게 친화적으로 놀 수 있다.	0	1	2	3	
친구가 실패한 경우 등 격려하거나 위로할 수 있다.	0	1	2	3	
친한 친구의 흥미나 취미 등을 알고 있다.	0	1	2	3	

커뮤니케이션 기술

co 영역 점수

[듣기]					비고
선생님이나 친구의 이야기를 집중해서 듣는다.	0	1	2	3	
선생님의 이야기나 친구의 발표 내용을 이해할 수 있다.	0	1	2	3	
질문을 받은 것에 대해 확실하게 답할 수 있다.	0	1	2	3	
[말하기]					비고
어휘의 부족함 없이 말할 수 있다.	0	1	2	3	
사물을 순서에 따라 설명할 수 있다.	0	1	2	3	
사람들 앞에서 적절하게 발표나 스피치를 할 수 있다(앞으로 나온다, 바른 자세를 한다, 자연스럽게 말한다, 상대가 알 수 있도록 말한다 등).	0	1	2	3	
[주장]					비고
잘 모르는 것은 질문할 수 있다.	0	1	2	3	
집단에서 자신의 생각을 말할 수 있다.	0	1	2	3	
싫은 일은 확실하게 거절할 수 있다.	0	1	2	3	
억울함이나 화를 말로 전할 수 있다.	0	1	2	3	
[토론]					비고
토론의 내용에 따른 발표를 할 수 있다.	0	1	2	3	
결정된 의견에 따를 수 있다.	0	1	2	3	
의견이 정리가 되지 않을 때에는 다수결, 가위바위보, 타협책을 내는 등 의견을 정리하는 방법을 제안할 수 있다.	0	1	2	3	
지명되면 의장이나 사회자 등의 정리 역할을 행할 수 있다.	0	1	2	3	
토론에 있어서 전체 의견을 참고하면서 결론을 낼 수 있다.	0	1	2	3	

• ▢ 의 득점은 포함하지 않고 영역 점수를 산출해 주시기 바랍니다.

지도를 위한	사회성 기술 척도(중학생용)

이 척도는 사회성에 어려움을 가진 학생을 지도할 때에 목표가 되는 기술을 특정화하기 위한 것입니다. 학생의 생활연령이나 특성에 따라 지도해야 하는 기술은 다릅니다. 이 척도에서 어려운 기술이 몇 가지 특정되면, 다음 단계로 대상학생의 사회 적응에 도움이 되는 것을 선택해 갈 필요가 있습니다. 지도할 때는 대상학생에 따라 중요한 기술을 한두 개로 한정 지어서 지도하는 것을 권장합니다.

대상학생을 평소 자주 관찰하는 담임선생님, 지도기관의 지도자 또는 그에 준하는 분이 이 척도를 사용해서 학생을 평가하는 것이 가능합니다. 만약 교육에 종사하는 사람이라도 학생과 접한 기간이 짧은 경우에는 실시하지 않도록 해 주시기 바랍니다. 지도기관만이 아니라 재적학급 등에서의 학생 상태에 대해 담임선생님에게도 평가를 받는 등, 다면적으로 학생의 상태를 파악하는 것이 좋습니다.

이름 _____ (남/여)   평가 목적 _____

소속 _____   평가자 _____

학년 _____   기입일 ___ 년 ___ 월 ___ 일

하위 기술	영역점수	평가점	1	2	3	4	5	6	7	8	9	10	11	12	13	14	15
집단행동	syu		•	•	•	•	•	•	•	•	•	•	•	•	•	•	•
또래관계 기술	na		•	•	•	•	•	•	•	•	•	•	•	•	•	•	•
커뮤니케이션 기술	co		•	•	•	•	•	•	•	•	•	•	•	•	•	•	•

[실시방법]

① 처음에는 학생의 이름, 학년, 성별, 평가 목적 등을 기입합니다.

② 각 항목에 대해서 '0: 그렇지 않다' '1: 그다지 그렇지 않다' '2: 약간 그렇다' '3: 그렇다'의 4단계로 평정합니다. 구체적으로 파악할 수 없는 항목에 대해서 억측으로 평정하는 것은 피하도록 합시다. 행동관찰 등의 정보 수집을 한 후 평가하고 고치도록 합시다.

③ '집단행동' '자기조절 기술' '또래관계 기술' '커뮤니케이션 기술' 각각의 항목 점수를 합계하고 영역 점수를 내도록 합니다. 영역 점수를 낼 때에는 잔여 항목(색깔이 칠해진 칸)의 득점은 계산에서 <u>빼고 산출하도록 합니다.</u>

④ 영역 점수가 나오면 환산표(아래표)에 제시된 평가점으로 환산합니다. 평가점은 그 동일 학년 집단에 있어 대상학생이 어느 위치에 있는지를 나타내는 것입니다. 평균은 10, 1표준편차는 3입니다.

[환산표]

중학교 남학생의 영역 점수 합계와 평가점으로의 환산표

평가점	1학년 남학생			평가점	2학년 남학생			평가점	3학년 남학생			평가점
	집단행동	또래관계	커뮤니케이션		집단행동	또래관계	커뮤니케이션		집단행동	또래관계	커뮤니케이션	
1	0–8	0–4	0–2	1	0–7	0–4	0–3	1	0–13	1–6	0–4	1
2	9–10	5	3–4	2	8–10	5	4–5	2	14–15	7	5	2
3	11–13	6–7	5–6	3	11–13	6–7	6	3	16–18	8	6–7	3
4	14–15	8	7–8	4	14–16	8	7–8	4	19–20	9	8–9	4
5	16–18	9	9–10	5	17–18	9	9–10	5	21–23	10–11	10–11	5
6	19–21	10	11–12	6	19–21	10	11–12	6	24–25	12	12–13	6
7	22–23	11	13–14	7	22–24	11–12	13–14	7	26–27	13	14–15	7
8	24–26	12	15–16	8	25–26	13	15–16	8	28–30	14	16–17	8
9	27–28	13	17–18	9	27–29	14	17–18	9	31–32	15	18–19	9
10	29–31	14	19–20	10	30–32	15	19–20	10	33–35	16–17	20–21	10
11	32–34	15	21–22	11	33–35	16	21–22	11	36–37	18	22–23	11
12	35–36	16	23–24	12	36–37	17–18	23–24	12	38–39	19	24	12
13	37–39	17–18	25	13	38–40	19	25	13	40–42	20	25–26	13
14	40–41	19	26–27	14	41–43	20	26–27	14	43–44	21	27–28	14
15	42–44	20	28–29	15	44–46	21	28–29	15	45–47		29–30	15
16	45–47	21	30–31	16	47–48		30–31	16	48		31–32	16
17	48		32–33	17			32–33	17			33	17

중학교 여학생의 영역 점수 합계와 평가점으로의 환산표

평가점	1학년 여학생			평가점	2학년 여학생			평가점	3학년 여학생			평가점
	집단행동	또래관계	커뮤니케이션		집단행동	또래관계	커뮤니케이션		집단행동	또래관계	커뮤니케이션	
1	0-7	0-5	0-4	1	0-10	0-7	0-7	1	0-10	0-9	0-6	1
2	8-11	6	5-6	2	11-14	8	8-9	2	11-14	10	7-8	2
3	12-14	7	7-8	3	15-17	9	10-11	3	15-17	11	9-10	3
4	15-17	8	9-10	4	18-20	10	12-13	4	18-20	12	11-12	4
5	18-20	9	11	5	21-23	11	14-15	5	21-24	13	13-14	5
6	21-23	10	12-13	6	24-27	12	16	6	25-27	14	15-16	6
7	24-27	11-12	14-15	7	28-30	13	17-18	7	28-30	15	17-18	7
8	28-30	13	16-17	8	31-33	14	19-20	8	31-33	16	19	8
9	31-33	14	18-19	9	34-36	15	21-22	9	34-37	17	20-21	9
10	34-36	15	20-21	10	37-40	16-17	23-24	10	38-40	18-19	22-23	10
11	37-40	16	22-23	11	41-43	18	25-26	11	41-43	20	24-25	11
12	41-43	17	24-25	12	44-46	19	27	12	44-47	21	26-27	12
13	44-46	18	26	13	47-48	20	28-29	13	48		28-29	13
14	47-48	19	27-28	14		21	30-31	14			30-31	14
15		20-21	29-30	15			32-33	15			32-33	15
16			31-32	16				16				16
17			33	17				17				17

[척도]

집단행동

	항상 할 수 없다	거의 할 수 없다	대체로 할 수 있다	항상 할 수 있다	syu 영역 점수
[대인 매너]					비고
상황에 맞는 적절한 말을 사용한다(경어나 일상적인 말 사용의 분별 등).	0	1	2	3	
자신이 잘못한 일을 했을 때는 스스로 가서 사과한다.	0	1	2	3	
상대의 이야기에 관심을 나타내면서 듣는다.	0	1	2	3	
적절한 거리를 두고 사람을 대한다(너무 붙지 않도록 한다).	0	1	2	3	
시간을 지킨다.	0	1	2	3	
이성과 적절하게 관계한다(과도하게 의식해서 이야기하지 않는다, 너무 허물없이 대하지 않는다, 따라다니지 않는다 등).	0	1	2	3	
[상황 이해 · 마음이론]					비고
상대의 몸짓과 표정에서 기분을 읽어 낸다.	0	1	2	3	
농담이나 빈정거림 등 숨어 있는 의미가 있는 말을 이해한다.	0	1	2	3	
몸가짐에 적절하게 신경을 쓴다(머리 모양이나 복장을 정리한다, 계절에 맞춘다, 신경을 너무 쓰거나 결벽이 되지 않는다 등).	0	1	2	3	
사람의 눈을 어느 정도 의식해서 행동한다(기이한 행동 하지 않기, 너무 의식하지 않기 등).	0	1	2	3	
그때의 분위기를 느낀다(긴장감이나 따뜻함 등).	0	1	2	3	
[자기조절]					비고
수업이나 과제에 집중해서 대처한다.	0	1	2	3	
행동하기 전에 차분히 생각한다(충동적으로 행동하지 않는다).	0	1	2	3	
자신이 한 행동을 반성한다.	0	1	2	3	
감정적이 되어도 기분을 잘 전환한다.	0	1	2	3	
[과정 수행]					비고
주어진 일을 마지막까지 완수한다.	0	1	2	3	
실패나 일정 외의 일이 일어나도 유연하게 대응한다.	0	1	2	3	
사업이나 과제에 대처할 때 계획을 세우고 그에 따라 실행한다.	0	1	2	3	
공동의 작업으로 주어진 역할을 빈틈없이 한다.	0	1	2	3	
친구와 협력을 하면서 일(또는 과제)을 수행한다.	0	1	2	3	

• ▨ 의 득점은 포함하지 말고 영역 점수를 산출해 주시기 바랍니다.

또래관계 기술

na 영역 점수

[또래관계(시작)]					비고
적당한 시선을 맞추며 사람들과 이야기할 수 있다.	0	1	2	3	
머뭇거리지 않고 또래에게 말을 건다.	0	1	2	3	
또래를 놀이에 초대한다.	0	1	2	3	
[또래관계 유지]					비고
또래와 농담을 주고받는다.	0	1	2	3	
또래와 대화를 이어 간다.	0	1	2	3	
친구와의 약속을 지킨다.	0	1	2	3	
외출이나 놀이 등 또래와 계획을 세워 실행한다.	0	1	2	3	
또래와 취미나 흥미가 있는 것을 공유한다.	0	1	2	3	
또래와 비밀을 공유한다.	0	1	2	3	
[또래의 조언]					비고
또래가 실패한 경우 등 격려하거나 위로한다.	0	1	2	3	
어려움에 빠진 또래를 돕는다.	0	1	2	3	
또래의 고민이나 불만을 공감하면서 듣는다.	0	1	2	3	

커뮤니케이션 기술

co 영역 점수

[듣기 · 말하기]					비고
상대의 이야기를 끊지 않고 듣는다.	0	1	2	3	
적절하게 발표나 스피치를 한다(바른 자세, 알기 쉽게 말하기 등).	0	1	2	3	
[비언어적 기술]					비고
적절한 목소리 크기로 말한다.	0	1	2	3	
타이밍에 맞게 끄덕이고 맞장구를 친다.	0	1	2	3	
몸짓이나 손짓을 잘 사용해서 표현한다.	0	1	2	3	
[주장]					비고
아는 사람에게 먼저 인사한다.	0	1	2	3	
집단에서 자신의 생각을 전한다.	0	1	2	3	
다른 사람에게 감사의 인사를 전한다.	0	1	2	3	
싫은 일은 확실하게 거절한다.	0	1	2	3	
억울함이나 화를 말로 전한다.	0	1	2	3	
모르는 것은 질문한다.	0	1	2	3	
친한 사람에게 불안이나 걱정을 말한다.	0	1	2	3	
어려울 때 사람에게 도움을 구한다.	0	1	2	3	
[토론]					비고
토론의 내용에 따라 발언한다.	0	1	2	3	
결정된 의견에 동의한다.	0	1	2	3	
토론할 때 다수결, 타협안 등의 방법을 제안한다.	0	1	2	3	

- ▨ 의 득점은 포함하지 말고 영역 점수를 산출해 주시기 바랍니다.

자료1 보호자용, 재적학급용 시트

( )에게

( )은(는) 월 일의 그룹 활동에서 다음과 같은 것을 배웠습니다.

학교나 가정에서도 아동들이 이 사회성 기술을 실천 가능하도록 다음의 배려를 부탁드립니다.

연락사항

지속적인 협력 부탁드립니다.

월 일

자료2 반성 시트(초등학교 저학년 · 중학년용)

감상 시트

월   일 (이름:)

오늘 한 일

1.
2.
3.
4.
5.
6.

오늘의 감상(○ 표시를 한다.)

신났다
재미있었다

짜증났다
심심했다

안타까웠다
억울했다

놀랐다
충격받았다

그 외
(   )

자세하게 쓰세요!

자료3 반성 시트(초등학생 고학년 · 중학생용)

감상 시트

<u>   </u>월   일 (이름:)

오늘의 스케줄

1.	
2.	
3.	
4.	
5.	
6.	

오늘의 사회성 기술

오늘의 감상

보호자의 코멘트

보호자 서명

자료4 지도 내용을 결정하기 위한 평가 시트

성명:		연령:	세 월		기입자:
성별: (남 · 여)		학년:	(초등/중)학교	년생	기입일: 년 월 일

③ 지도 방법, 지도 내용
사회성 기술 프로그램

② 지도 목표
(장기 목표, 단기 목표)

① 사회성 기술 지도의
결과 정리

찾아보기

▎편저자 소개▎

우에노 카즈히코
동경학예대학

오카다 사토시
동경YMCA 토요쵸센터

일러스트
모토야마 유우코
요코하마시 양호교육상담센터

▎역자 소개▎

박재국(Park Jaekook)
일본 츠쿠바 대학교 심신장애학연구과 박사학위 취득
현 부산대학교 특수교육과 교수

김혜리(Kim Hyeri)
일본 히로시마 대학교 교육학연구과 장애아교육 박사학위 취득
현 중부대학교 중등특수교육과 교수

권언남(Kwon Un-nam)
일본 사이타마 국립대학교 사회학과 졸업
현 부산대학교 특수교육과 박사과정

장애아동을 위한
사회성 기술 지도 매뉴얼
Social Skills Instruction Manual for Children with Disabilities

2015년 10월 20일 1판 1쇄 발행
2024년 1월 25일 1판 8쇄 발행

엮은이 • 우에노 카즈히코 · 오카다 사토시
지은이 • 박재국 · 김혜리 · 권언남
펴낸이 • 김 진 환
펴낸곳 • (주)**학지사**
　　　　04031 서울특별시 마포구 양화로 15길 20 마인드월드빌딩 5층
대표전화 • 02) 330-5114   팩스 • 02) 324-2345
등록번호 • 제313-2006-000265호
홈페이지 • http://www.hakjisa.co.kr
인스타그램 • https://www.instagram.com/hakjisabook

ISBN 978-89-997-0817-6 93370

정가 **16,000원**

출판미디어기업 **학지사**

간호보건의학출판 **학지사메디컬** www.hakjisamd.co.kr
심리검사연구소 **인싸이트** www.inpsyt.co.kr
학술논문서비스 **뉴논문** www.newnonmun.com
원격교육연수원 **카운피아** www.counpia.com